世纪波
Century Wave

Advanced
Facilitation Strategies
Tools and Techniques to Master Difficult Situations

大师级引导
应对困境的工具与技术

（美）英格里德·本斯（Ingrid Bens）　著
郝君帅 王培杰　译
唐长军　审校

電子工業出版社
Publishing House of Electronics Industry
北京·BEIJING

Ingrid Bens: Advanced Facilitation Strategies: Tools and Techniques to Master Difficult Situations

ISBN: 978-0787977306

Copyright © 2005 by John Wiley & Sons, Inc.

All rights reserved.

Authorized translation from the English language edition published by John Wiley & Sons, Inc. Responsibility for the accuracy of the translation rests solely with Century Wave Culture Development Co-PHEI and is not the responsibility of John Wiley & Sons, Inc. No part of this book may be reproduced in any form without the written permission of John Wiley & Sons International Rights, Inc.

Simplified Chinese translation edition copyrights © 2016 by Century Wave Culture Development Co-PHEI.

Copies of this book sold without a Wiley sticker on the cover are unauthorized and illegal.

版权贸易合同登记号　图字：01-2015-4566

图书在版编目（CIP）数据

大师级引导：应对困境的工具与技术 ／（美）英格里德·本斯（Ingrid Bens）著；郝君帅，王培杰译. 北京：电子工业出版社，2016.6

书名原文：Advanced Facilitation Strategies: Tools and Techniques to Master Difficult Situations

ISBN 978-7-121-28914-9

Ⅰ.①大… Ⅱ.①英… ②郝… ③王… Ⅲ.①企业管理－组织管理学 Ⅳ.①F272.9

中国版本图书馆 CIP 数据核字(2016)第 114033 号

策划编辑：晋　晶
责任编辑：杨洪军
印　　刷：北京天宇星印刷厂
装　　订：北京天宇星印刷厂
出版发行：电子工业出版社
　　　　　北京市海淀区万寿路 173 信箱　邮编 100036
开　　本：787×1092　1/16　印张：16.5　字数：274 千字
版　　次：2016 年 6 月第 1 版
印　　次：2016 年 6 月第 1 次印刷
定　　价：68.00 元

凡所购买电子工业出版社图书有缺损问题，请向购买书店调换。若书店售缺，请与本社发行部联系，联系及邮购电话：(010) 88254888，88258888。

质量投诉请发邮件至 zlts@phei.com.cn，盗版侵权举报请发邮件至 dbqq@phei.com.cn。

本书咨询联系方式：(010) 88254199，sjb@phei.com.cn。

引导：组织发展的新路径

前段时间在一次企业内训课结束后，我们在和几位企业高管闲聊中无意发现，四位高管里面竟然有三位高管都提及"引导技术"一词。从他们对"引导技术"这一话题热情高涨的交谈中，我们清晰地意识到"引导技术"不仅会是培训界的一个热点，而且必将成为未来企业管理者核心的领导与管理技能之一。

所谓"引导"，英文为 Facilitate，原意是"让事情更加容易、更加简单"。作为一个方法论，引导技术在国外管理界已经相当成熟，其主要用于推动一群人更有效地研讨、决策，形成高质量的结果。而以大型企业、管理顾问公司为首的国内企业与组织也早已关注引导技术，并逐步引入、推广和应用，目前已经初步具备了一定的影响力。

引导技术在使用者中主要包含两大类人群。一类人是专业的引导者，他们参加专业引导课程学习与认证，以丰富自身的储备，同时还要更多的实际操作，积累经验。另一类人是企业或其他组织中的团队管理者，他们也通过掌握一些引导工具，以便提升日常会议和研讨的效率。这两类人有一个共同的需求，就是期望有一套引导技术的系列书籍，一方面可以快速掌握一些好用易用的工具技巧，理解引导的真谛；另一方面可以作为技术进阶的辅助材料，随时翻阅检索。正是这种需求，成为我们推出这套"引导技术系列丛书"的初衷。

作为国内领先的行动学习与引导技术的研究、实践和推广专业机构，百年基业在中国企业中大量应用行动学习时发现，引导技术不仅极大地帮助行动学习法更好地实施与落地，而且早已在国际上形成了一个完整的技术体系，二者相辅相成、形影不离。

经过百年基业同人们的精挑细选，并在电子工业出版社的鼎力相助下，我们终于为国内读者奉上了这套"百年基业引导技术系列丛书"。该丛书涵盖了从理论到实务、从方法到案例的诸方面内容，相信对于专业引导者和各类组织的管理者来说，都能提供全面的帮助。

　　本系列丛书共五册，包括《引导的秘诀》《结构化研讨》《大师级引导》《共创式战略：经理人战略与业务规划引导指南》《虚拟引导技术》，它们分别从引导的技巧、流程、策略、战略和虚拟应用方面来说明引导的价值。

　　《引导的秘诀》是美国引导界领袖人物之一迈克尔·威尔金森先生的核心著作，他是 LSI 美国韬略公司的创始人和 CEO、国际引导学院董事、美国引导师资库创始人。本书被公认为引导技术的经典著作，它系统地讲解了如何引导一个团队进行深入研讨的基本技术，包括引导工作的模式、框架和流程。本书内容丰富，深入浅出，操作性极强，实为引导者必备的宝典。

　　《结构化研讨》由"工作社区"（Community at work）创办人、国际知名引导师山姆·肯纳（Sam Kaner）等人所著。本书介绍了结构化研讨决策的经典模型——钻石模型，详细介绍了结构化研讨决策的三个阶段（发散期、动荡期、收敛期）的概念。在每个阶段都提供了丰富的工具，展示了多方面的案例，以呈现不同做法带来的不同结果。

　　《大师级引导》是全球引导大师英格里德·本斯女士继《引导：团队群策群力的实践指南》后的又一力作。英格里德·本斯被引导业内人士称为"引导界的女王"。本书旨在帮助引导师获得实用的高级引导策略与技能。主要聚焦于五大方面：高级引导者应具备的胜任能力与个人价值观体系；帮助团队做复杂决策的核心手段与方法；团队冲突管理的九种干预工具；高级引导咨询策略；高级引导的十四个基本流程。本书势必会为中国引导从业者与应用者带来更高水平的专业发展指引，将引导技术的应用推向更加深入的阶段。

　　《共创式战略：经理人战略与业务规划引导指南》是迈克尔·威尔金森先生的又一力作。书中详细介绍了战略驱动模型，引导战略规划的关键组成部分与流程步骤，战略规划计划、执行质量的评估精要和相应的工具模板，以及标杆组织战略规划最佳实践。通过作者开发的战略驱动模型和相应的工具模板，专业催化师和高层管理者可以轻松地引导团队完成战略规划和执行。

　　《虚拟引导技术》同样由迈克尔·威尔金森先生所著。虚拟引导是指通过使用视频、音频、会议软件等技术，对不集中在一起的参与者进行引导，这一操作方式对引导者提出了更高的挑战。本书系统介绍了虚拟引导的步骤，以及需要解决的一些重要挑战。例如，如何保持团队动能？如何保持人们的全程参与和投入？如何处理"匿名者"？此外，本书还介绍了一些常用的技术手段，提供了多个案例，使读者能够快速试用这一新的技术。

　　我们欣慰地看到，在多次修改之后，本系列丛书终于付梓，在此，我们要感谢电子工业出版社编辑的辛勤付出，感谢百年基业同人的大力支持与帮助，还要感谢对引导技术长期关注的同行、客户，正是这一大群精英人士对引导技术的钻研与痴迷，才使我们有了不断前行的动力。

　　由于时间、水平所限，本系列丛书的译校和写作难免有不足之处，真诚欢迎读者不吝指教，裨使本系列丛书能够常读常新，为引导技术在中国的发展贡献绵薄之力。

　　是为序。

唐长军　　郝君帅

北京百年基业管理顾问有限责任公司　董事合伙人

2015 年 3 月 12 日　于北京

唐长军 长江商学院 EMBA，百年基业创始合伙人，研究院院长，国际引导学院（INIFAC）全球首批认证资深引导师（CCF），美国韬略公司（LSI）"引导式战略"认证课程导师，新加坡引导师协会（FNS）"SPOT 团队引导"课程认证培训师，国际行动学习催化中心（CALF）中国分会会长暨认证行动学习催化师。他是《引导的秘诀》《SPOT 团队引导》《行动学习催化秘籍》等多本书籍联合译校者。联系方式：tangchangjun@gene100.com。

郝君帅 百年基业董事合伙人，高级副总裁，首席行动学习催化师。国际引导学院（INIFAC）全球首批认证资深引导师（CCF），美国韬略公司（LSI）"引导式战略"认证课程导师，新加坡引导师协会（FNS）"SPOT 团队引导"课程认证培训师，国际行动学习协会（WIAL）认证高级行动学习教练（SALC）。他是《引导的秘诀》《SPOT 团队引导》、《行动学习设计与实施》、《行动学习催化秘籍》等多本书籍译校者。联系方式：haojunshuai@gene100.com。

译者序

作为引导技术的积极倡导者，我们欣喜地看到，这一技术如今在各类商业场合已经不是一个新鲜事物，大到集团层面的战略规划，小到一个小组的每周例会，越来越多的组织受益于这一技术。这一大好局面来之不易，在我们看来，这主要得益于两点：一是近年国内翻译引进了一大批引导技术的专业著作，二是有越来越多的专业人士在致力于这一技术的推广应用。

关于第一点，《引导：团队群策群力的实践指南》《SPOT团队引导》《引导的秘诀》等著作堪称其中翘楚，在广大引导从业者中产生了极大影响。

关于第二点，我们注意到：学习、应用引导技术的已经不局限于专业培训师、企业人力资源管理者等范围，来自不同行业、不同类型企业的各级管理者、团队领导者也在不断加入这一队伍，他们数量众多，影响面大，已成为引导界一支不可忽视的力量。

当然，面对这一大好局面，我们还要保持清醒的认识：必须承认，引导者的队伍整体良莠不齐，特别是能够引导复杂课题、熟练处理各类疑难情况的高级引导师更是凤毛麟角。究其原因，主要是国内引导技术的应用历史毕竟尚短，很多实践都是属于"摸着石头过河"的性质，即使取得了较好的效果，往往也不知道其中的关键之处；更不用说一些不太成功的案例，引导者往往缺少准确的反思：到底是哪里出了问题？这一情况如果不能在短时间内有效改善，引导技术恐怕难免重蹈一些国外管理方法在中国的覆辙——一哄而上的推广，转瞬即逝的消亡，空留一些名词供后来者凭吊。

为此，对引导技术进行更进一步的研究、总结，找出一条行之有效的提升路径，就成为一件迫在眉睫的事情。作为行业内人士，我们也进行了多方探索，经过反复比较、尝试，终于找到了这本《大师级引导》。通读全书之后，我们发现这正是我们当前最需要的标杆之作。

本书与《引导：团队群策群力的实践指南》（电子工业出版社，2011 年出版）属于姊妹篇，同属于引导大师英格里德·本斯的著作，本身就是作为引导技术的进阶指南而出版的。在书中，作者基于丰富的实践经验，总结出作为一名高级引导师会经常面对的困难情况，并归纳为六大类困境、十种错误假设、三十种冲突类型，最具价值的是，对于每一类情况，书中都给出了详细的应对办法，使读者知其然，亦知其所以然。对于有志于成为高级引导师的人来说，本书实在是一本不可多得的操作指南。

正是由于这一特点，本书一经面世，就得到了广大读者的青睐，在国际引导界具有极佳的口碑。经过反复与原作者及出版社沟通，我们终于有幸获得了翻译版权。为了尽可能保持原书特色，我们组成了一个翻译小组，由实践经验丰富的两位译者合作，对每个段落、句子都反复推敲，以期为读者贡献一本营养丰富的阅读大餐。

在本书的翻译过程中，我们也得到了原作者英格里德·本斯的大力支持，解答了一些困惑，并承诺来中国进行学术交流活动。我们对此深表感谢，并期待在不久的将来，中国读者能够得到本斯女士的当面指导。同时，我们感谢电子工业出版社的杨洪军老师在这本书的编排方面付出的辛勤努力。另外，也要感谢百年基业的于春青老师、沈强铭老师、张毅老师、张曦老师在本书审校过程中及后续与出版社沟通中所做出的诸多贡献。

翻译是一项永无止境的工作。虽然我们自感尽了最大努力，但难免挂一漏万，存在一些不妥之处。欢迎大家通过各种渠道给予指正，更欢迎大家交流应用本书、进行引导实践的心得体会，我们真诚期待您的反馈。

前　言

经过近几十年的发展，引导的重要性越来越为人们熟知。以前，引导是一项少数人才具备的技能，主要限于咨询师和人力资源专业人员，而现在，引导者已经成为一个很普通的头衔，出现在越来越多的岗位说明书中。

引导的增长主要源于团队工作的大量使用，特别是在那些为了提高生产率而成立的团队中，尤为显著。引导曾经是一项可有可无的软技能，但是现在，团队领导者已经开始认识到，引导其实是一项核心技能，对于达成团队目标来说至关重要。

另外，越来越多的员工角色正在发生转变，由直接行使岗位职责过渡为内部咨询师。这种现象在技术部门、人力资源和金融服务行业等都很常见。这样的行业还有很多，在此不一一列举。这些专业人士发现，如果他们想更有效地支持自己客户的工作，那么引导技能是必不可少的。

引导持续增长的另一个推动力量是组织结构的扁平化。当员工在一个单独部门工作时，他们通常只参加少量的内部例行会议，但在当今时代，员工经常在各种委员会和项目小组同时工作，每一个团队都会召开会议，协调不同成员的工作。

引导的应用范围在不断地扩大，这也反映了当今各组织中完成工作的方式的转变：控制和命令越来越少，而协作和配合越来越多。

当今，工作场所相互联系，无休止的会议便是其中不可逃脱的现实。会议的内容更是五花八门，共享信息、制定战略计划、协调各项工作、解决所出现的问题和发展工作关系等。

在这个相互影响和要求苛刻的环境中，想要高效率，几乎每个人都必须快速地成为高技能人才。可能有些人只具备基本的引导技能就能敷衍了事，但对于大多数人来说，还是应该掌握更高层次的技能。因为最简单的会议也可能会意外变得极其复杂。

什么是高级引导

本书的第 1 章将详细介绍初级引导者和高级引导者的区别。总的来说，高级引导者具备：

- 一种关于引导的个人思想体系；
- 高度的自我认知、基于实践和反馈的个人舒适区；
- 引导流程各阶段的相关知识；
- 熟知各种流程工具；
- 设计高效的流程并根据环境进行灵活调整的能力；
- 组织和引导复杂决策流程的能力；
- 处理异常行为和进行有效干预的能力。

本书目标

本书旨在帮助引导者获得高级技能，以高效解决复杂情况。它以《引导：团队群策群力的实践指南》一书中的内容为基础，提供了有效的工具和技巧，将引导者推向更高层次。

《引导：团队群策群力的实践指南》是一本综合性的入门教科书，它概括了引导的核心技能。《大师级引导》则是一本解决复杂问题的实战指南。本书的全部参考文献都出自权威的引导专家，正是因为这些专家，引导才有了自己的理论框架。本书描述的策略都是非常实用的技巧，适用于所有日常情况。这些策略的获取基于不同行业、不同规模的组织所进行的数以百计的引导活动。

本书的目标读者

本书适用于每一位寻求策略、有效解决复杂挑战的引导者。

- 项目负责人：在新项目初期克服团队成员间的冷漠，建立认同感。
- 主管：观察到员工会议上参会人员间缺少合作意识。
- 经理：难以达成一致意见，为此感到沮丧。
- 社区领导者：努力让社区成员承担责任。

- 培训师：需要应付学员注意力不集中、不遵守纪律的问题。

- 外部咨询师：遇到内部人员的抵制，因为他们被看作"外人"。

- 内部咨询师：感觉自己缺少引导高层管理者的权力。

- 人力资源专业人士：需要处理复杂的系统调整问题。

本书提供了衡量第三方行为的有效基准，因此对于每一位雇主，在需要聘用引导者、监督咨询师的工作时，都可将本书作为一个有效的资源。

本书的假设

本书认为读者具备以下几点：

- 你了解关于引导的基本概念，不需要再回顾基本的会议设计原则和核心工具。

- 你具备第一手的设计和引导会议的经验。

- 你阅读过关于引导的入门级教材，如《引导：团队群策群力的实践指南》，接触过本书中提到的核心工具和技巧。

- 你想要更准确地诊断引导任务，做出更有效的设计。

- 你想要拓宽自己所掌握的工具种类，在必要时能够对设计做出即时的调整。

- 你想要增加自信，更富有"弹性"，以解决复杂情况，应对参与者的失当行为。

内容概述

《大师级引导》一书包括五章。

第 1 章　高级策略总览。在本章中，鼓励每位引导者形成个人的引导思想体系，明确了要成为高级引导者所应具备的特定技能，介绍了应对引导中出现的复杂问题的策略。例如，如何解决角色固有的权力缺乏，如何在不同情况下保持中立，如何与团队领导者共事。第 1 章也对引导、咨询和组织发展三者之间的关系进行了一定的探究。

本章最后列出了描述高级引导者行为的要点，并附有观察表、个人检查单，以便参考和指导行为。

第 2 章　决策制定的复杂性。本章聚焦于引导者的另一个重要功能：协助团队做出有效决策，介绍了转移团队关注点的关键策略，并给出了具体事例，说明如何实施此策略。本章还详细描述了决策过程中的六种常见问题，并对高级引导者如何解决这些问题给出了建议。此外，第 2 章的内容还涉及决策的核心手段，其中包括如何解决意见不统一的问题。

在第 2 章里有一系列图表，这些图表总结了决策过程中所应遵循的典型步骤、所使用的工具以及判定团队决策能力的评估工具。

第 3 章　冲突管理策略。第 3 章介绍了团队冲突的不同源头以及初级引导者容易做出的几种错误假设，也描述了在团队发生混乱时，引导者可以利用的九种干预工具。

冲突管理对于高级引导者来说是一项必不可少的技能，因此，本章用图表具体描述了引导者经常会遇到的 30 种会议情况，并且提供了详细的建议以应对每种情况。

第 4 章　引导师的咨询策略。本章的内容为引导过程中的各个步骤以及它们在管理复杂任务时的应用。这五个步骤分别为评估、设计、订约、实施和跟进，每个步骤都会通过典型方式、主要目的、相关活动和关键挑战这几方面来描述。对于每个阶段，都提供了相应工具、模板、检查表等，供引导者使用。针对不同阶段的具体问题，本章也提供了有价值的建议。

第 5 章　引导师的基本流程。所有的高级引导者都应了解引导的通用流程步骤，并且知道它们是如何进行的。在第 5 章中对流程图进行了描述，这些流程图概括了引导的 14 个核心流程的所有步骤。对于每个流程的主要步骤、各个步骤的核心工具都进行了详细介绍。

在当今复杂的工作环境中，对于合作和高级引导的需求日益提升。我希望本书可以作为一个工具集，能够帮助所有引导实践者增强其个人能力。

英格里德·本斯

名词解释

引导者：

为团队互动设计结构和过程，以促进团队高效运作、做出明智决策的人。也是协助者、促成者，其目的是推动他人取得优异成绩。

咨询师：

能够对个体、团队或组织产生影响，但没有做出调整或实施项目的直接权力。

经理：

具有做出调整或实施项目直接权力的人。

客户：

对引导者/咨询师服务有需求的组织、团队或个体。

干预：

为改善某种情况所采取的某个或一系列行动。也指更正失常行为的行动，或为进行某项改变而采取的一系列有计划的行动。

组织发展：

为了保持组织健康、提高组织效率，在组织流程中利用行为科学的知识，采取的一系列有计划的干预措施。这些干预措施在组织范围内进行，在小组层面应用，或以个人为基础使用，聚焦于单个部门或单个活动。

组织的发展：

不要和组织发展这个概念混淆，组织的发展是为优化组织而做出的各种努力，如传统的管理咨询研究，或在外力驱动下而做出的调整。和组织发展不同的是，这些努力没有必要和组织发展遵循相同的原则和时间。

文化：

组织成员所共享的基本假设和信条。这些基本假设和信条会被组织成员无意识地遵循，同时也定义了一个组织对其本身和环境的认识。

发起人：

能够发起一项变革或组织发展措施，并对其承担责任、给予资源支持的人。

利益相关者：

对于干预措施或其结果有利益关系的人。利益相关者包括顾客、供应商、分销商和员工。

系统：

一系列相互依赖的组成部分。从外部环境中获取信息的组织被称为开放系统。系统还以产品、服务、信息或人员的形式向外部环境释放其产出。

子系统：

较大系统的某一部分，如工作单位、部门或分支。子系统可以垂直整合，也可以是团队、流程或其他跨组织的活动。

通过微信号申请资料

目 录

第 1 章
高级策略总览

当我们开始学习新知识时，有易懂的指南供参考可以事半功倍，如图表、清单，以及写有注意事项的清晰明了的表格。只要我们想探索一个新的主题，都希望能有实例和模式可以借鉴。

但是既定方法和公式都有其限定性。想一想，如果一名厨师只能靠食谱才能做出美食，将会怎样？如果缺少某些基本原料怎么办？如果手头有的只是其他原料怎么办？如果来的人数超过预期怎么办？

普通厨师知道如何按照食谱烹饪，而大师级厨师却知道如何利用手头现有的原料做出一顿佳肴。他对各种食材了如指掌，了解不同温度下的不同食材组合能产生出怎样的味觉盛宴。大师级厨师有着业余厨师所不具备的：对烹饪原则有自己的深刻理解，对各种食材以及在不同情况下如何使用它们都烂熟于心。

引导就像烹饪，事情往往不按计划进行！起初认为是毫无关系的因素却出乎意料地成为中心问题。正在讨论的话题也会毫无征兆地变得比之前预计得复杂得多。在无明显起因的情况下，团队成员也可能会逐渐显现出不利于团队产出的行为。你精心设计的流程便会突然间瓦解！

即使最简单的引导也会出乎意料地变得异常复杂！

既然任何讨论的问题都会变得复杂，那么所有引导师不应仅仅局限于引导的基础水平。这就意味着，你要增强在引导流程的核心原则这方面的知识，掌握各种困难情况下所应采取的策略。

本书的目的是促使读者完成从引导初级水平到高级水平的跳跃，所以书中提供了各种有效技巧和策略来帮助读者解决在引导流程中出现的各种问题。这些问题包括：

- 引导固有的局限性；

- 难以获得和保持其角色；

- 怎样和高级管理层共事；

- 参与者过度紧张，而且通常是排斥的态度；

- 复杂决策所固有的困难性；

- 在很多情况下会出现的政治和幕后动机；

- 限制团队效率的失当行为；

- 所推荐的研讨结构被团队抵触所带来的挑战。

在当今快节奏的工作场所中，为了实现最优结果，我们不仅要周密地设计每一段对话，而且要巧妙地进行这些对话。所有这些都需要你掌握高级策略！

引导的个人原则体系

要想成为技术娴熟的引导师，勤加练习、积累更多有效的工具，以及锻炼自身的会议设计技能，这些都是非常重要的，但要真正达到高级水平，首先要形成引导的个人原则体系。明确引导的各项原理和做法，是进行引导的基础，让你在面对挑战时更富有弹性。清晰的个人原则体系可以指导你与他人的互动，在设计中需要考虑加入哪种要素时，它也可以给你提供依据。

如果没有一个明确的个人原则体系，你就会缺少组织原则，而帮助你看清工作模式的正是这个组织原则。缺少组织原则，你就会随意地采用引导工具和技巧，希望它们能为你构建有效的互动模式。现在仍有很多人对引导的理解不是很清晰，因此，需要进一步强调明确个人原则体系，以及清晰理解个人职业的目的的重要性。

要想形成个人原则体系，可以考虑采取以下原则：

- 引导的基础就是对全体团队成员的尊重，这种尊重不分年龄、职位等级或文化背景。
- 引导是一项透明的行为，其特点是诚实和想法积极。
- 引导师认为每个人都具有与生俱来的智慧，加以引导和利用，将有益于团队整体。
- 所有引导活动的目的就是要增强团队成员间的协作性和使命感。
- 引导师应该支持权力的下放，鼓励参与者积极参与，这样可以获得团队的支持，让参与者对自己的行为结果负责。
- 引导师重视集体思想的协同力，致力于协助团队实现协同决策，这就意味着各方对所做的决策都感到满意。

最重要的是，引导师从不会使用流程角色来寻求个人权力或强化个人控制力。所有引导活动的主要目的就是提高他人的效率，不论是学员个人的效率，还是团队达成其目标的能力，抑或是组织及其文化的整体健康度。

寻求引导原则体系就像一场我们每个人都渴望的个人旅行。开始自己的引导之旅，除了要阅读引导领域里大师级的著作，还要问自己几个简单的问题：

"我为什么要成为一名引导师？我的目的是什么？"

"我能够为我所引导的人们带来什么？"

"作为引导师，我工作的独特之处是什么？"

"在我的工作中，不可缺少的要素是什么？"

"我的工作绝不允许什么样的行为或活动？"

"最重要的工作成果是什么？"

一旦对这些问题进行了深入思考，你就开始形成关于引导的个人原则体系，通过明确这些原则来指导自己的工作。这一原则体系会随着你工作的逐渐成熟而不断地演进发展，在你产生疑惑、不知道该优先处理哪件事的情况下，它会给你指明方向并提供支持。

我个人的引导原则体系：

能力的三个等级

　　增强个人技能的流程涉及几个等级。阅读以下对引导技能等级的描述，完成后面的自我评估，这有助于明确自己已经具备的能力以及需要通过学习获得的技能。

等级 I

　　初级引导师，一般都是从本部门或内部项目团队举行的定期会议开始其引导之旅的。因为他们对这些会议所要讨论的内容非常熟悉，并且根据其对问题的了解，他们能够问出有效问题。

　　团队领导以及引导师的同事都要出席会议，也会提前通知要主持会议的引导师，而更多的情况是，会议突然需要引导，在没有任何通知的情况下令其进行引导。

　　等级 I 的中心点是：

- 了解引导的核心原则、模型和概念；
- 能够利用核心技能来组织团队讨论，这些核心技能包括保持中立态度、进行有效提问、阐述和总结；
- 了解有效会议设计的关键组成部分；
- 知道如何调动参与积极性和鼓励高效行为；
- 知道在不同情况下使用相应的决策工具；
- 做出清楚、准确的总结和记录；
- 了解为团队"把脉"的不同技术，引导团队重回正轨。

等级 II

　　在引导师具备管理员工定期会议的经验之后，可能会要求他为同事主持专门会议，甚至工作团队以外的人员的会议。

　　这种转变是有其具体原因的。比较简单的原因就是所有团队需要定期举行专门会议，如针对解决问题的会议、计划会议或团队建设研讨会。

这种转变也可能是因为引导师想要寻求他工作团队之外的人员的协助，因为这些人员具备相对较高的工作效率。除了这个原因之外，进行目的明确的复杂对话时，需要更深层次的技能，特别是在引导师对参与者不熟悉的情况下。

等级Ⅱ的中心点是：

- 知道如何收集信息、评估数据和确定参与者需求；
- 了解各种工具和技术；
- 具备设计复杂对话的能力；
- 善于协助团队处理复杂决策，克服决策障碍；
- 在保持中立和平稳的前提下，能够管理各种复杂的团队动态。

等级Ⅲ

在设计和引导流程时，如果涉及以下方面，引导师就要掌握第三（最高）等级的技能：进行有计划的干预以解决分歧，采取某项措施以提高组织效率，做出有计划的调整等。无论任务是在他们原工作团队之内还是之外，只要引导师所承担的引导任务是上述活动之一，他们的功能就是作为组织发展咨询师。

> 组织发展实际就是一项有计划的努力。为保持组织的健康、提高其效率而在组织发展流程中利用行为科学的知识采取的有计划的干预措施。组织发展干预措施在组织范围内进行，在小组内应用或以个人为基础使用，主要关注的是单个部门或单个活动。
>
> （贝克哈德，1969）

注意，引导师在这里作为一名咨询师，是因为他们在没有管理权力的前提下利用自己的专业知识来协助或支持其客户。在组织发展方面的咨询案例中，专业知识就是对流程工具和技术的应用，通过预先设计的活动的具体步骤，利用这些工具和技术来对利益相关者进行指导。

等级 Ⅲ 的中心点是：

- 形成个人的引导思想系统；

- 了解组织发展的主要原则和规则；

- 了解引导流程中的各阶段；

- 精于设计多种信息收集技术；

- 了解做出干预的关键的流程模型；

- 有能力设计和引导复杂、多阶段的干预。

你属于哪个等级——自我评估

通过回顾以下关于能力的各项描述，开始你的高级引导师之旅。明确你现在所具备的能力以及需要提升的方面，然后制定个人的学习目标。以下是对三个等级能力的描述：

等级 I ——包括引导常规讨论和高效管理会议的核心技能。

等级 II ——包括设计复杂决策流程和处理棘手问题的能力。

等级 III ——涉及各种活动的设计和引导，这些活动是对计划进行调整的组成部分。

等级 I：评估自身的基本能力

初级引导师一般都是从本部门或内部项目团队举行的定期会议开始其引导之旅的。因为他们对这些会议所要讨论的内容非常熟悉，并且根据其对问题的了解，他们能够引出有效问题。

团队领导以及引导师的同事都要出席会议。也会提前通知要主持会议的引导师，而更多的情况是，会议突然需要引导，在没有任何通知的情况下令其进行引导。

1=完全不同意	2=不同意	3=不确定	4=同意	5=完全同意

1. 我了解作为引导基础的概念、价值观和理念。　　　　____

2. 我清楚在引导的开始、中间和最后三个阶段分别
   应该做什么。　　　　____

3. 我善于倾听、阐述、提问和总结主要观点。　　　　____

4．我能够管理时间、控制节奏。 ＿＿＿＿

5．我知道鼓励参与者积极参与和激发其新想法的技巧。 ＿＿＿＿

6．我知道如何制定团队规范，以激励高效行为。 ＿＿＿＿

7．我能准确、清晰地记录团队成员所表达的意思。 ＿＿＿＿

8．我熟悉用于构建参与性团队讨论的核心流程工具。 ＿＿＿＿

9．我了解不同决策工具之间的区别以及它们所适用的
各种情况。 ＿＿＿＿

10．我知道如何协助团队达成一致，取得圆满结束。 ＿＿＿＿

11．我善于向团队提供建设性反馈，并且欣然接受所有
的个人反馈。 ＿＿＿＿

12．我知道高效的会议设计的主要组成部分，并且
能够制定详细的会议议程。 ＿＿＿＿

13．我知道如何提出试探性的问题，能够以不具威胁性
的方式来质疑某种观点。 ＿＿＿＿

14．我知道何时以及如何定期地对流程进行检查。 ＿＿＿＿

15．我知道如何利用不同的离场调查来提高会议效率。 ＿＿＿＿

在等级 I 中，我所具备的技能有：

在等级 I 中，我应该学习的技能有：

等级 II：评估自身的中级能力

在引导师具备管理员工定期会议的经验之后，可能会要求他为同事主持专门会议，甚至工作团队以外的人员的会议。

这种转变是有其具体原因的。比较简单的原因就是所有团队需要定期举行专门会议，如针对解决问题的会议、计划会议或团队建设研讨会。

这种转变也可能是因为引导师想要寻求他工作团队之外的人员的协助，因为这些人员具备相对较高的工作效率。除了这个原因之外，进行目的明确的复杂对话时，需要更深层次的技能，特别是在引导师对参与者不熟悉的情况下。

1=完全不同意 2=不同意 3=不确定 4=同意 5=完全同意

16．我知道如何利用问卷调查和面谈的方式来判断团队的需求和兴趣。　　＿＿＿

17．我能够设计不同的专门会议，可以根据需要在会议中间调整原始会议设计。　　＿＿＿

18．我知道创造安全环境的策略，得到"顽固"参与者的支持。　　＿＿＿

19．我能够以更为缓和的态度处理参与者的抵触，即使针对的是我个人。　　＿＿＿

20．我知道"群体思维"的迹象，能够组织讨论来克服这种倾向。　　＿＿＿

21．我擅长提出复合式的试探性问题，帮助团队成员发现潜在的问题和信息。　　＿＿＿

22．我能够意识到团队的紧张气氛或冲突，并且会毫不犹豫地将出现的问题告诉团队。　　＿＿＿

23．我能够合理地、坚定地进行干预，来对无效的行
为进行重新调整。 ＿＿＿

24．我能够清晰地表达出问题的所有方面，并根据这
些方面提供新的流程，重新组织对话。 ＿＿＿

25．我能够从大量信息中提取各种想法，并对其进行
整合，做出明确的总结。 ＿＿＿

26．我能够认识到在决策流程中出现的两极分化问题，
知道如何对他们进行调整，让他们能够融洽合作。 ＿＿＿

27．我已掌握了帮助团队走出讨论僵局的工具。 ＿＿＿

28．我了解团队发展流程，知道如何进行一系列团队
建设活动。 ＿＿＿

29．我对有不同的文化背景、来自组织的不同层级和
部门的个体所表现出来的兴趣、需求和关注点都
非常敏感。 ＿＿＿

30．我对流程回应非常精通，即使在复杂对话中，我
也能保持中立。 ＿＿＿

在等级Ⅱ中，我所具备的技能有：

在等级Ⅱ中，我应该学习的技能有：

等级Ⅲ：评估自身的高级能力

在设计和引导流程时，如果涉及进行有计划的干预以解决分歧，采取某项措施以提高组织效率，做出有计划的调整等这些方面，那么引导师就要掌握第三（最高）等级的技能。无论任务是在他们原工作团队之内还是之外进行，只要引导师所承担的引导任务是上述活动之一，他们的功能就是作为组织发展咨询师。

注意，引导师在这里作为一名咨询师，是因为他们在没有管理权力的前提下利用自己的专业知识来协助或支持其客户。在组织发展方面的咨询案例中，专业知识就是对流程工具和技术的应用，通过预先设计的活动的具体步骤，利用这些工具和技术来对利益相关者进行指导。

1=完全不同意	2=不同意	3=不确定	4=同意	5=完全同意

31．我已经形成了自己的引导思想系统，它可以指导
　　我的工作。　　　　　　　　　　　　　　　　＿＿＿＿

32．我知道争取权力的不同协商策略，以提高自己的
　　工作效率。　　　　　　　　　　　　　　　　＿＿＿＿

33．我了解组织发展的理论和基本方法。　　　　　＿＿＿＿

34．我知道核心流程的组成步骤，这也是引导师应该
　　在引导流程中应用的。　　　　　　　　　　　＿＿＿＿

35．我了解管理调整的模型，可以利用这些模型设计
　　和组织各项调整活动。　　　　　　　　　　　＿＿＿＿

36．我知道如何设计和引导不同的策略和关于商业计
　　划的讨论。　　　　　　　　　　　　　　　　＿＿＿＿

37．我知道主要流程工具中的各个步骤，这些工具是
　　流程提高的组成部分，如流程图。　　　　　　＿＿＿＿

38．我善于设计和进行问卷调查。　　　　　　　　＿＿＿＿

39．我善于让客户参与进来，利用调查问卷所得到的反馈，
分析解释客户的数据，确定其行为。　　　　　　　　　____

40．我能够设计和实施人际和组间的冲突干预，以解决分歧。　____

41．我了解培训流程的各个步骤，知道如何利用培训技能来
帮助个体和团队。　　　　　　　　　　　　　　　　　____

42．我能够以良好的心态和高管人员进行一对一的或在团队
内的交流。　　　　　　　　　　　　　　　　　　　____

43．作为一个持中立态度的第三方以及流程咨询师，我知道
如何为我的服务订约。　　　　　　　　　　　　　　____

44．我能够设计为期一天和两天的会议，达成具体的成果。　____

在等级Ⅲ中，我所具备的技能有：

在等级Ⅲ中，我应该学习的技能有：

将三个等级中你要学习的技能进行整合，制定个人的学习计划。

我计划学习或提高的技能和能力包括：

_____

_____

_____

你的能量

除了要掌握高级工具和技术之外，引导师也要注意自身形象和行为。我们可能会了解到一些高级引导师无意识地表现出负面态度，致使自己的业绩大打折扣。一位引导师的能力高低很大程度上取决于别人如何理解他们。

当我们站在团队成员面前时，所有的眼睛都注视着我们。当我们和他们共事时，他们会对我们形成一种认识。是由他们决定我们能否完成任务，我们是否真诚，是否该信任我们。

如果一位引导师能够带领团队进行积极互动，他就塑造了一个冷静、自信的形象。他们的姿态坚定但不僵硬；手势和肢体语言适度，和他们的口头语言配合默契。

高级引导师和团队成员保持眼神交流，这样做一是会让团队成员感到非常舒服，二是表现出其热情。另外，引导师在和团队成员交流时要坦诚、开放，通过这种方式才能表现出其真诚服务团队的态度。

成熟的流程领导者必须具备一定的敏感度，要认真倾听、观察参与者反应并询问其内心想法。他们永远不会忽略自己所关心的事情，积极倾听，在必要时会毫不犹豫地询问参与者的想法。

如果气氛变得紧张，高级引导师能够自我控制，不会表现出过度的情绪化。他们有管理自己情绪的能力，即使情况不乐观。他们不会动怒，不会卷入纷争，也不会表现出自己的不满。

资深引导师具备一定的灵活性，他们会不断地测试所应用的流程，提供各种备选项以及根据需求调整活动。他们会关注流程，不会失去方向，更不会忘记主要观点或分心。

引导大师则做事谦虚低调，尽量避免自己成为团队的中心。他会将参与者的想法作为主体，这样会给团队成员一种主人翁意识，也体现了对商议结果的责任感。

最后，高级引导师会管理自己的能量以保持流程的活力。他们会努力保持精力充沛，自始至终都百分百投入。

　　清楚知道自己所承担的项目是什么，第一步就是要根据下面提供的表格对自己打分。你还可以让一位同事来观察你的行为，然后根据他人对你的看法为你提供具体的反馈。

个人项目评估

1．个人行为

1＿＿＿＿＿＿2＿＿＿＿＿＿3＿＿＿＿＿＿4＿＿＿＿＿＿5

紧张	冷静
急躁	自信
注意力不集中	有条理

2．身体姿势

1＿＿＿＿＿＿2＿＿＿＿＿＿3＿＿＿＿＿＿4＿＿＿＿＿＿5

拘谨或懒散	挺拔
笨拙	协调
紧张	淡定自若

3．手势和肢体动作

1＿＿＿＿＿＿2＿＿＿＿＿＿3＿＿＿＿＿＿4＿＿＿＿＿＿5

不适当	适当
注意力分散	高度集中
误导性的	清晰明确

4．眼神交流

1＿＿＿＿＿＿2＿＿＿＿＿＿3＿＿＿＿＿＿4＿＿＿＿＿＿5

几乎没有	持续
不自在	舒服
具有威胁性	热情

5．真实

1————————2————————3————————4————————5

封闭   公开

隐藏动机   坦率

不真诚   真诚

6．敏感性

1————————2————————3————————4————————5

忽视参与者反应   关注参与者反应

不关心参与者内心感受   询问参与者内心感受

不倾听   认真倾听

7．专注行为

1————————2————————3————————4————————5

不注意参与者的焦虑   回应参与者的焦虑

没有反馈   提供自己的观察结果

悲观消极   乐观积极

8．自我控制

1————————2————————3————————4————————5

过度情绪化   情绪适度

动怒   保持中立

表现不满   保持愉快

9．灵活性

1————————2————————3————————4————————5

不进行测试   进行流程测试

没有备选项   提供备选项

关注既定方向   不断调整

10．谦虚

1————————2————————3————————4————————5

自己是团队焦点	谦虚
哗众取宠	低调
主要是说话	主要是倾听

11．注意力

1————————2————————3————————4————————5

迷失方向	注意力集中
抓不住主要观点	能够管理参与者的投入
分心	完全投入

12．能量

1————————2————————3————————4————————5

速度缓慢	保持速度
精力耗尽	精力充沛
虚弱	强健

什么是组织发展

　　组织发展实际就是一项有计划的努力，为保持组织的健康、提高其效率而在组织发展流程中利用行为科学的知识采取的有计划的干预措施。这个概念产生于 1949 年，是行为科学和管理理论结合的产物。组织发展利用基本的团队流程来汲取利益相关者的智慧和使命感，最终目的是要提高组织本身。它的基本理念就是相信人类的智慧，认为他们对自己设计的计划或调整具有高度的使命感。

主要原则和规则

　　以下列出的是组织发展的主要原则。你会发现，这些原则和引导师的核心信念是完全一致的。这些主要原则是：

- 人们是健康的、有能力的以及有自我激励精神的；
- 人们将会支持自己的成果；
- 个人的价值观需要经过检验；
- 每个人都要尊重他人的价值观；
- 人际关系至关重要；
- 领导风格很重要；
- 组织动态同样重要。

　　组织发展所持的是整体主义，它用的是系统视角。这一视角认为，所有系统都是相互联系的，人们也是相互联系的，你不可能只改变某个组织的一部分。组织发展一直被视为一种不间断的调整力量，这种调整力量的总体目标就是要提高个人和组织的效率。

组织发展的主要活动

　　如果一位引导师所组织的讨论是以下活动之一，那他实际上就是在进行组织发展活动：

- 行为研究/诊断活动；
- 解决问题/流程改进；

- 策略策划；

- 以调查问卷为反馈形式的活动；

- 组织重构、策划和目标制定；

- 科技结构/工作重新设计活动；

- 管理调整；

- 团队建设；

- 组际活动/谈判；

- 领导阶层的形成；

- 培训和咨询；

- 与实现调整目标相关的训练。

在某些情况下，一次会议可能就会应用整套干预手段，如一次性的团队建设研讨会。其他情况下，带有引导的会议可能是一系列研讨的组成部分，这一系列讨论会持续几个月之久，如某个关于流程改进的项目。

一个会议是短期会议还是长期会议，这也需要作为系统调整流程的一部分纳入计划中。需要注意的是，系统调整流程在组织内的影响面更广泛。

> **除了领导员工日常会议，其他的所有引导都属于组织发展活动！**

为了将你的引导活动置于组织发展干预这个更广泛的背景下，本书在第 5 章中对组织发展流程的一般步骤进行了介绍，在第 4 章概括了咨询流程中的各个步骤。

更多关于组织发展

大多数引导活动都是在组织发展干预这个背景下进行的，所以高级引导师大量阅读和这个主题相关的资料是非常有必要的。此类书籍中既简洁又便于阅读的一本手册就是罗斯韦尔、沙利文和麦克林合著的《组织发展：咨询师的指南》。如果高级引导师想阅读更多的关于这个方面的文章可以参考书后第 1 章中所列的参考文献。

作为咨询师

在本书中，引导师经常会被认为咨询师，而参与者也会被称为客户。这与引导的契约角色一致，引导除了经协商所得的权力之外，没有任何实权，也无法掌控全局。彼得·布洛克的著作《完美咨询》在这一领域里有着巨大的影响力，他在该书中给出的关于咨询的定义为：

> "在调整或改善某一局面时，对于实施这个活动，没有直接的控制权，说明你在实行咨询；有控制权，那么你所进行的就是管理。"

在这种背景下，你会负责设计、策划和领导一个以引导的方式进行的关于既定调整的讨论；如果你属于外部的第三方，那么你的职责更像一名咨询师。

咨询的两种形式

在组织发展领域还没有出现之前，咨询的主导形式是以专家为基础的。在这种模式里，会引进第三方来对某个情况进行评估，然后据此提出行动建议。组织发展产生之后就成为咨询的第二种形式。外部第三方并不提供自己的建议，但是他们会呈现出很多流程，通过这些流程，客户能够创造和实施自己的计划。

将自己看成咨询师，利用第 4 章中总结的咨询流程中的各个步骤来完成你的引导任务，这不仅可以帮助你有效地管理工作，而且还让你显得更加专业。如果作为内部引导师，这对你来说就显得更加重要了。

专家咨询	流程咨询师
1. 初步诊断	1. 初步诊断
2. 收集数据	2. 收集数据
3. 专家分析	3. 数据反馈给客户
4. 咨询师提供行动建议	4. 客户分析数据
5. 实施	5. 客户进行行动策划
	6. 客户实施活动

▽	▽
咨询师以专家建议的形式提供内容	咨询师提供流程和引导
咨询师的态度不能保持中立	咨询师的态度保持中立
咨询师提供专家的意见	咨询师带来流程技能
咨询师"开处方"	咨询师不负责"开处方"
咨询师可能有权管理实施活动	咨询师支持客户所做决定

与引导的联系

组织发展咨询是在内容上保持中立的前提下对流程的应用，不难看出加入引导的讨论本质上就是组织发展活动，并且这些讨论的目的就是解决某个问题、平息一场冲突、策划策略或进行调整。另外，所有从事组织发展的人员其实就是引导专家。

> **大多数的引导任务都是组织发展活动。**

扩大你的权力基础

引导新人在进行引导时总会有这样的错误认识，对于讨论内容保持中立就意味着对流程同样保持中立。有这种想法的结果就是很多引导新人会有无力感，整个流程下来，自己就像一名抄写员。

内部引导师更能切身体会到这种权力困境。外部流程引导者自然而然地被认为更可信，从而会赋予他更多的权力，而内部引导师的影响力相对来说就减弱不少。让问题更加复杂的是，内部引导师所引导的会议的大多数参与者是他的同事和直属上司，所有这些因素结合在一起就会削弱内部引导师的权威性。

不论你是内部引导师还是外部引导师，都要意识到引导并不是一个无实权的角色！引导师对讨论结果要保持中立态度，这是事实，但不能将中立态度引申到流程上。这种错误想法造成的结果就是无经验的引导师没有说话的机会，参与者忽视既定议程，互动也毫无秩序。

相反，有经验的引导师则更果断，因为他们知道中立仅仅是对于讨论内容而言的。除此之外，他们还知道：

在任何情况下，引导师所具有的权力=他们协商所得的权力！

推荐两种策略：

1．引导师在管理流程上一定要果断；

2．引导师要时刻争取更多的权力，这会提高他们的工作效率。

为了对此项原则进行详细解释，以下给出了一则关于内部引导师和团队高管人员进行权力协商的例子。

根据对某些高管人员的了解，你知道他们更倾向于表现自己，扰乱彼此并且忽略他们之前同意要遵守的过程步骤。过去你在进行干预时觉得无能为力，因为你处于相对低的位置，担心自己会冒犯到高管层。如果不想主持一个失败的会议，你可以在开始时和团队一起就你的角色进行讨论，可以这样说：

我希望这次会议不是浪费大家的时间，我们能够拿出成果。为了做好我的本职工作，我需要对大家做几点说明：

如果团队中有人没有听清他人叙述的观点，我会暂停讨论，让某一方重复他们的主要观点，确保我们了解了所有人的想法。希望大家能够接受这种方式。

我会停止所有的激烈争论，然后让参与者以更中立的语言重述他们的观点，希望大家对此无异议。

最后，我要确定，当大家忽视时间限制时，我可以直接指出这种问题，以便我们重回正轨。

今天的会议上还会出现其他什么情况？对于每个情况，我该说什么、该做什么是大家能够接受的呢？

随着团队成员——回答你的问题，他们就会对你是否有能力来控制整个过程有了基本的判断。在活动挂图上做好记录，特别要留意团队成员建议的具体措辞。然后将你新获得的权力——列出，并贴在醒目的位置上。

你应该能意识到这是一种规范形式，也就是规范合同。在本例中，规范合同旨在提高个人的影响力，一旦完成了这些协商，管理平台也随之为你搭建完毕，在这个平台上你可以自由发挥。参与者不会觉得你所进行的干预冒犯到了他们，而是认为你在实施他们应该遵守的命令。

为什么要协商你已经拥有的权力

需要注意的是，引导师已经具有管理流程的权力，所以当你果断地管理参与者的行为等情况时，不用再征得参与者的同意。但是我们都知道，理论上所拥有的权力并不一定是你实际可以行使的权力。在这些情况下，协商流程其实就是增加团队对你的支持，让引导师这个角色所具有的能力最大化地施展出来。

为了强化在讨论中果断管理流程的权力，引导师还可以对与工作相关的其他条件进行协商。这些协商不仅可以减少团队成员对自身角色的困惑，还可以在设计干预措施上给你决定权。

引导师需要订立的规范合同可能包括：

- 主要的决策制定者应该出席；
- 允许你全面接触员工，以便获得全部参与者的背景资料；
- 团队成员应该尊重你所做的流程设计，并且同意在整个进程中都遵守既定流程；
- 在活动开始前，组织对你的支持里包含的一些重要因素应该到位。

第 4 章的"订约"一节详细介绍了关于协商获得附加权力的内容。第 3 章也做了简单描述。

帮助你确定协商权力的机会，明确作为引导师你会感到无能为力的情形和情况。并且，明确在具体不同情况下你所应具备的相应的权力：

什么时候我觉得无能为力？ ⟶ 在这些情况下我应该具备怎样的权力？

⟶

⟶

⟶

获得引导权威

引导新人通常会对自己在进行引导流程中具有的权威性大小表示不确定。特别是组织内部的工作人员，因为他还没有正式获得引导师这个头衔。这些人时常会怀疑自己到底有没有引领团队讨论的权威，而且经常会因为担心自己冒犯到团队的正式领导者而对自己的流程专业知识有所保留。

这种顾虑是有依据的：像其他工作一样，引导也需要官方给予某种正式的指派。此外，还有一个原因：引导师是一个既没有固有权威性又缺少实权的角色。

高级引导师就不会受到这种权力"真空"的困扰。他们知道自己能够在后期获得在任何情况下进行引导的权力。当然，得到经理的批准或获得正式的派遣来担任特定团队的引导师肯定是有帮助的。正式的职责描述对于这个角色并不是必需的，而真正需要的是获得团队成员的全部认可。

> **不要忘记，引导是需要得到认可的领导权！**

获得这种认可有两种方式：在制定引导任务合同阶段通过正式的协商获得；或仅仅通过指派引导师，团队成员被动接受的方式。一旦团队同意接受引导，这份协议就成了某种形式的合同，不论它是单一会议的口头合同还是引导长期项目的书面协议。

如果缺少官方批准这一因素成为你施展专业技能的主要障碍，那么将引导技能列为你个人学习计划的重点，并向经理请求练习的机会。越来越多的组织也设立了内部引导师的志愿者团队，你也可以加入。

总的来说，切记以下几点：

- 除了和团队成员协商所得的权力，引导本身并没有任何固有的权力；
- 进行引导的人所具有的任何正式权力都是引导角色范围之外的；
- 引导师并不必须是官方指定的角色，而且跟级别没有任何关系；
- 要想进行引导，你只需征得参与者的认可。

失去引导师角色

引导权力相对比较容易获得，但这只不过是硬币的一面，换句话说，引导权力也一样容易失去！

> 获得引导角色容易……要保持却难得多！

引导师失去自己角色的原因有很多：

- 根据不全面、错误的信息，或者没有经过证实的假设来制定流程；
- 设计成果未在参与者中进行检验，没有获得他们的支持；
- 引导师的技能和经验与谈话的难度级别不匹配；
- 在制定适用于本引导情况的规范流程中，引导师没有让团队参与进来；
- 引导师在管理流程中，没有拿出适当的果断态度；
- 引导师的一些无意识的行为损害了其中立态度。

无意地失去中立

引导师失去其角色的常见原因之一就是无意中失去对讨论内容的中立态度。发生方式有很多种：

改变参与者的用词　记录内容不能真实反映参与者的想法；在不征得参与者同意的情况下，按照自己的喜好选择要记录的词语；改写之后的报告更能反映你的观点或管理层的观点。

站队　当有参与者做出的评论跟你的想法一致时，你会说"好主意"或"好观点"之类的话语，却没有意识到持有相反观点的参与者已经认为你支持对方了。

提出太多倾向性的问题　或者提出过多的犀利问题，这可能会削弱参与者的信心，并且可能会将他们引向自己并不支持的决策。

无意识地进行兜售　反复提出团队早前已拒绝的建议；提供的建议在团队成员看

来并不中立。

对假设不进行检验　在不对个人假设进行检验的情况下继续进行；根据错误认识或不充足的信息进行操作；根据个人的偏见进行操作。

回答内容性问题　不把这些问题重新抛给团队其他成员或做出流程性回应；说出意见，直接进入决策讨论阶段。

偏袒某位参与者或某个小组　给某位参与者或某个小组更多的时间来陈述其想法；只与固定的一些人做眼神交流；无意中更多鼓励某位参与者或某个小组而不是全体成员。

根据过去经验进行反省，提高个人对这个重要问题的意识：
你是否在会议中失掉引导师这个角色？

上述哪个因素导致你失去引导师角色？

保持以及重获角色

流程领导力很容易丧失，所以一旦发生，掌握重获团队支持的策略非常重要。第一步就是做调整，使自己适应这个情况。注意肢体语言信号，它们会显示出参与者的情绪，如厌烦、挫败感，或者只是注意力不集中。

人们不会大声宣布他们已对你或这个流程失去信心，所以你要预先采取措施，对流程进行定期检查。这就包括不定时地中止一切行动，并思考以下问题：

有效果吗？一切正常吗？我们有进展吗？

我们正在使用的工具有效吗？我们是否应该尝试另一种技术？

即使引导师明确要求团队成员给予反馈，参与者也可能很勉强才给出信息。在这样的情况下，试着布置一个中间检查点，可以让参与者匿名写出自己的想法。当你要求参与者完成调查问卷时，鼓励他们直言不讳，向他们保证你所需要的就是他们诚实作答。这项活动在第 3 章有详细说明。

1）我们到底在这个会议上有多少进展？

1_____2_____3_____4_____5

没有　　　　　　　　　　　　一些　　　　　　　　　　　　很多

2）现在所采用的方式有效吗？还是我们需要尝试另一种技术？

1_____2_____3_____4_____5

无效果　　　　　　　　　　　需要调整　　　　　　　　有效果：继续

3）我们倾听了所有人的想法吗？

1_____2_____3_____4_____5

你没有听到我的　　　　　我们还可以做得更好　　　　重视每个人的想法

完成问卷调查之后，和参与者一起浏览所得结果，并提出问题：

1）每个问题得到其相应等级的原因是什么？

2）接下来的会议中，我们可以做些什么来提高每个条目的等级？

采用所有可行的想法，可以帮助提高会议效率。

中间检查点是一个非常重要的工具，所以要将它收入你的"工具集"。在有足够时间发现问题、解决问题时，中间检查点是检验你工作质量必不可少的策略。对于长期会议，它应该是你流程设计中的一个环节。在冲突管理策略一节中，对这个策略的实施情况进行了深入说明。

收集个人反馈

如果觉察出会议上出现的问题源自你对流程的引导，你可以通过某个问题来征求大家的反馈。例如：

你对我引导本次会议的能力有多大信心？

1＿＿＿＿＿＿＿2＿＿＿＿＿＿＿3＿＿＿＿＿＿＿4＿＿＿＿＿＿＿5

没有信心　　　　　　　　我有一些建议　　　　　　　你做得很好

如果你发现参与者很不情愿回答调查问卷上关于你个人表现的问题，那么你可以暂时离开会议室，委托某位参与者来组织一个简单的讨论，讨论内容就是关于上述的两个问题。

如果征求个人反馈的想法实施起来有风险，而继续无效果的引导也有一定的风险，则对这两种风险进行权衡。在出现问题时，要淡定自若，向团队传递一个"你无法读懂他们"的信息或自信地面对冲突。

为团队创造一个安全可靠的平台，在这个平台上可以解决敏感反馈的问题，这样其实就给团队传递了一个信息：你信心十足，乐于倾听建设性反馈，并且有能力应对具有挑战性的局面。做到如此并不容易，但这是一名高级引导师一定会采用的策略！

干预的两种类型

当讨论出现问题时，引导师的职责就是要实施干预。很多时候，初级引导师在采取行动时都会犹豫不决，因为他们担心自己不具备实施干预的权力，或可能会冒犯某些团队成员。

有经验的引导师知道进行干预完全在引导师的职责范围内，并不违背他们的中立原则，而且团队效率受到影响时引导师也应及时做出干预。出现以下情况时，引导师需要进行干预：

- 在缺少数据的情况下，团队草率做出决策；

- 在团队否定其流程时；

- 提出的问题解决方案缺少当时情况所要求的创造性或创新性；

- 某位有影响力的参与者迫使小组接受他们赞成的解决方案，从而阻碍了对更多可能性的探索；

- 参与者行为变得没有效率，影响进程。

高级引导师也意识到参与者对干预的回应有两种，而且要在特定的情况下应用它们：

内容干预	流程干预
提供专业知识	提供反馈
提出意见	提供评论工具
给出建议	更正行为
为参与者布置任务	提出调查性问题

什么情况下做出内容干预

从定义得知，引导是一个中立的流程角色。但引导师却经常工作在自己称得上是专家的领域里。当出现这种情况，并且团队需要额外信息或专家建议时，就应该进行内容干预了。

跳出中立角色，参与到内容当中，这种方式很难把握，因为它可能造成权力从团队成员到引导师的转移，最终，他会控制产出结果。

为了避免这种可能性的发生，在进行内容干预时要谨慎、有意识。以下建议可能对你会有帮助：

- 在策划阶段就要明确你具体的专业意见，何时以及用何种方式给出这些意见；
- 如果在会议上你可能会充当两个角色，则在开始时就要向参与者清楚描述你的专业知识领域；
- 精心设计会议议程，使提出专业意见阶段和团队讨论阶段明确分开；
- 如果在讨论中间，突然需要你给出专业意见，首先声明，你不是作为引导师在提供这些意见；
- 必须明确你给出的是专业意见还是不容置疑的输入：

专业意见	不容置疑的输入
解释自己所倾向的选择 根据你的专业知识 随时可调整	跟规章制度有关的内容或已经确定的设计特色
"根据我的经验，我会选择……"	"以下是不能改变或省略的内容……"

深化你的流程回应

引导新人所遇到的最大挑战之一就是在会议开始变得混乱时仍然保持中立态度。在这些情况下，引导师很容易脱离原本中立的角色，来批评参与者的某些回应，甚至擅自选择解决方案。

因为引导本身是一个辅助性角色，当团队遇到问题时，引导师自然就具有想要去拯救的冲动。再加上引导师不能在团队做出错误决策时袖手旁观的事实，这就不难看出为什么中立态度这么容易被破坏了。

当然，也有一些特殊情况，如之前所描述的，在适当的时候跳出中立角色，进行内容干预，高级引导师掌握了多种在保持中立的前提下进行流程干预的手段。

> 除了有意要进行内容分享的情况之外，高级引导师总要在流程层面上进行干预。

流程干预实例

情　　境	流程干预
数据不充足的情况下，团队草率做出决策	引导参与者确定做出有效决策所需的数据，然后将其列出来检验现有选项是否有利用价值。
活动流程存在问题	引导一次讨论，内容为提出判断某个解决方案优劣的主要标准。赋予每个标准一定的权重。创建一个决策表，利用每个人的标准来判断这个活动流程。
参与者陷入旧的模式，不能用创新思维思考	协助参与者对创新性解决方案进行描述。然后让他们戴上其他"帽子"来确定具有创新性的解决方案。
团队遇到想法瓶颈期	确定需要提出的关键问题。组织参与者对利益相关者进行采访，或进行标杆研究。用带回的信息来激发参与者，产生新想法。
团队采用的活动流程未经过检验，跟踪记录也不完善	组织团队进行讨论，寻找出现的问题，确定所有可能出错或影响进程的因素。并向参与者提出问题，"自己的行为是怎样造成这些障碍的"，帮助参与者确定扫除各种障碍的策略或做出承诺。
参与者不能以批判的态度思考问题	提出一系列探索性问题，让参与者深入思考目前的情况，以及/或不同活动流程的影响。

参与者行为恶化，并对团队效率产生
负面影响

对你注意到的情况给出反馈，然后引导
参与者制定新规范，让其行为重新步入
正轨。

确定放下中立角色、进行计划之外的内容干预的情况类型，然后再确定在以后出现的情况中你会采用的流程回应：

预计的情况　　➡　　流程回应

管理领导者角色

为了保证引导活动的效率，领导和引导师都必须清楚对方的角色和职责。以下几个动态增加了平衡领导和引导师角色的难度。

- 领导要求引导师加入团队，和团队一起工作。所以，领导经常会错误地认为他们是客户，而引导师是在执行命令。

- 领导常常要求的是引导辅助，但实际上他们心里已经设定好一个预期，就是想让引导师带领团队前进。

- 领导可能会表明，自己准备放弃对流程的控制权，只在控制活动发展方向时介入，特别是在讨论内容偏离他们个人倾向的方向时。

- 领导可能会表明，自己已准备好放权和分享控制权，但事实上他们并不能接受。

出现这些情况时，引导师最需要的是应对策略：

- 引导师需要明确所谓的客户是整个小组、部门或团队，包括领导，但不仅仅是领导。这一点要用语言明确地说出，并且在任务开始之前要有书面说明。也应该让全体团队成员知道，除了领导，他们也是引导师的客户。

- 引导师应提前询问领导，他们是否已有预期成果，对创新性解决方案的接受程度如何，是否有某些具体的解决方案是他们所不能接受的。

- 引导师应该在会议之前就对自己的角色进行明确说明，这样领导和其他参与者就会清楚，设计和管理所有与流程相关的因素是引导师的职责。

- 引导师需要和领导分享包含四个步骤的授权等级表，并且确定每一次谈话所对应的等级是什么：

  等级Ⅰ——团队只是被告知成果。

  等级Ⅱ——参与者被要求对未来决策的制定提供输入意见。

  等级Ⅲ——要求参与者提出建议，然后这些建议需经过管理层的批准。

  等级Ⅳ——赋予参与者独立制定某个决策，而且无须经过批准就可采取行动的权力。

第 2 章会对阐明授权等级这个策略进行更详细的阐述，并且介绍了阐明授权的不同策略。

领导在场

理想情况下，领导和员工的关系应该是安全、开放和诚恳的，即使上级在场，每个人也能照常说出自己的想法。但事实并非如此，大多数的团队都会因领导在场而感到压抑。

有时这可能跟过去的经历有关——在会议上提出意见，然后遭到了领导的报复。其他情况下，这种拘束感仅仅是源于组织内各层级之间缺少协作和对话的经验。不管这种压抑是真实存在的还是假想的，引导师都需要相应的策略，确保团队讨论不受领导在场的扰乱。

首先让我们看一下，引导师引导讨论流程中，有领导在场的优劣势。

优　势	劣　势
• 领导的出席说明了他们思想开放和协作意识高	• 领导的出席可能会影响参与者提出问题或确定问题
• 领导能够贡献自己的智慧和专业知识	• 他们的出席可能会抑制讨论和创造力
• 他们具有大局观	• 领导可能会控制整个团队
• 他们可以协助团队接触更多资源，并且移除障碍	• 他们可能会破坏参与者的主人翁意识

阻止领导参加会议的做法不仅不切实际，而且是对团队最有价值的资源之一的否定。关键是要提前和领导者说明他们的参与会给团队带来的潜在负面影响，以提高他们的意识，获得其支持。

以下是一些可供参考的策略。

- 要求领导在会议开始讲话时语气要积极、开放，说明会议上需要员工贡献自己的力量。他可以要求参与者踊跃讨论、自由交换具有创造性的想法。

- 可以要求领导为会议提出一些安全规范，例如：

  会议室内说的话不带到会议室之外。

  提出问题或难题的目的是解决它们，这是有益于团队的。

  本着解决问题的精神而做出的任何评论都无须承担后果。

- 减少领导的控制力，指导他们不要过早或过于频繁地将他们的想法或解决方案拿出来，否则他们会阻碍参与者的投入。

- 当领导和团队分享自己的专业意见、提供信息或宣布一条不可协商的内容时，要明确说明自己在做什么。帮助他们看清楚这些和提出一个想法或一条建议的区别。

- 指导领导在说出自己的想法时，以问题而不是陈述的形式进行，通过这种方式，可以鼓励成员间的讨论而不是终止它。

- 鼓励领导从严格扮演内容角色向承担更多引导性功能转变，例如，解释其他参与者所作的评论，提出阐明性或探测性问题，请相对内向的人说出他们的想法。

- 引导设计里应该包括多种讨论技术，可以提供个人交换想法的方式。这些技术包括一对一讨论、小组讨论、书写式头脑风暴、多重投票、漫游挂图等。

- 可以将会议设计成分段进行，这样领导可以首先和团队分享有价值的信息，然后在讨论如何解决问题这个敏感阶段离开。他在提出行动建议的阶段返回会议室，对团队给予他们的支持。

- 最后，鼓励领导不要承担行动计划的职责，因为这更适合员工去做。领导此时应该扮演对员工主动精神的拥护者角色，其职责包括指导、获得资源和移除障碍。

综上所述，对领导参会的管理不应该在会议中途进行，因为此时他们在会上的出现已对进程产生负面影响了。

增强你的提问技能

引导在本质上就是一个提问的功能，毫不夸张地说只有具备了高超的提问技术，才是一名优秀的引导师！提出无力的问题可能会将团队引向错误的方向。错误的探测性问题可能会导致团队不能深入地对问题进行研究。出于这个原因，高级引导师必须善于在正确的时间提出正确的问题。

在开始提出问题之前，总要先问自己：

- 我要提出什么问题?
- 我为什么要提出这样的问题?
- 人们会如何做出反应?

不管问题类型（开放式或封闭式）或者环境设置如何，以下是一些可以参考的问题设置指南：

- 问题设置一定要符合当时的背景；
- 提出的问题是参与者有能力回答的；
- 使用的语言要清楚、明确；
- 在提出难度系数大的问题之前，要建立安全的环境；
- 保持开放的态度，避免将参与者引向具体的结论；
- 提出的后续问题要符合团队讨论的方向。

问题的分类取决于提问的目的。除了下面所给出的例子，本书的其他位置也给出了很多关于提问的例子。常见的主要问题分类如下：

设定内容的问题	对于本次会议，你的目标是什么？
	你的期望成果是什么？
促进发展的问题	你能再多说一些吗？
	还有什么与此相关？
探测性问题	这是如何开始的？
	涉及了哪些人？
	这件事的历史是什么？
阐明性问题	你是说……
	我可以这样理解吗？
逆向问题	这件事情的对立面是什么？
	竞争者会做什么？
重构问题	你可以换种方式说吗？
关联问题	还有什么适合这里？
	还能想到哪些类似的事情？
	之前什么时候发生过这类事情？
激起挑战的问题	谁有不同看法？
	我们的竞争者会说什么？
检验性问题	这件事的正反面是什么？
	主要障碍是什么？
总结性问题	我们所确定的主要想法都是什么？
	我们说些什么作为结束语？

争取支持的问题	这对你有什么益处？
	你要坚持获得什么？
克服抵抗的问题	关于这个议题，你的顾虑是什么？
	克服这些顾虑的条件或保障是什么？

　　本书所给出的范围远远不能覆盖这个复杂的大主题。想要阅读专门针对提问的资料，请参考 Dorothy Strachen 的《提问的智慧》(Questions That Work) 一书，它可以让你对提问这门艺术有一个综合的感知。还有一本非常优秀的著作：迈克·威尔金森的《引导的秘诀》(电子工业出版社，2015 年出版)。

提出复合式的高质量问题

初级引导师经常会过度地提出为什么或简单的低质量问题，而高级引导师则更倾向于提出复合式的高质量问题，帮助参与者形成关于他们的回答的视觉图像。

以下是关于两种类型的问题的例子。

简单的低质量问题	复合式的高质量问题
在订购本年度的露营用品时，我们需要考虑哪些因素？	如果今年我们要为每位员工和会员安排非常刺激的活动并且提供相应的装备，那他们每个人都会需要什么呢？
订购安排的流程步骤是什么？	想一想为我们的顾客下订单的所有步骤。这项流程的第一步是什么？
都是哪些因素造成了本年度的庆祝活动出现问题？	回想一下本年度的庆祝活动,说一说你都经历了什么小意外和不愉快？
什么可以改善这个工厂？	想象一下，这个工厂毫无缺点！所有的供应品和设备都已到位!所有的系统都已开始工作！描述一下你所看到的。

复合式的高质量问题的特点

简单直白的问题本身没有错误，就像上面表格里左栏的问题，但是右栏中的问题更容易得到团队深思熟虑的回答。其中原因就和这些评论的结构相关。

- 高质量问题在开始时会有提示，如想象一下……，回想……，或如果……，这些提示会鼓励参与者形成一个关于所讨论内容的清晰画面。
- 高质量问题更像彼此间的对话，通过使用"你"将参与者带入画面。
- 高质量问题更明确，因为关于研究的情况他们会提供更多的细节。

高级引导师会吸收团队成员的评论来创造一条相关的提问线索。这会更合理地安排提问顺序，使之与参与者联系起来。

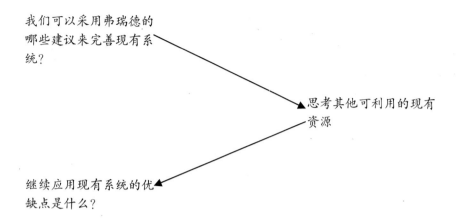

我们可以采用弗瑞德的哪些建议来完善现有系统?

思考其他可利用的现有资源

继续应用现有系统的优缺点是什么?

在你的个人能力达到高级阶段时，你会更注意提问模式。

- 你提出的是复合式的高级问题，可以勾画出整幅画面、使参与者全部参与其中吗?

- 你提出的问题是否足够详细，可以避免混淆?

- 你是否以参与者的评论为基础，建立一条相关联的提问线索?

- 你是否清楚每个问题的目的：邀请、探测、阐明、重构、发散、检验、挑战或关联?

行动中的高级引导

迈入高级技能级别的一个重要部分，就是在团队面前将具体的技术和行为应用到你的工作中。而引导是一个极其人性化的活动，所以根本无法准确判断何时以及用何种方式在你的个人实践中加入这些技术。

但是，以下是对高级引导师所说和所做的事情的一些描述，你可以据此区别高级引导师和初级引导师。

1. 高级引导师总会在讨论开始之前将目的、流程和期望成果解释清楚，保证团队有一个明确、共同的关注点。

2. 他们有目的地使用规范来设定气氛，建立安全环境，协商额外权力或鼓励参与者管理自己的行为。

3. 有经验的引导师会果断地检验他们的假设，查看参与者的支持。

4. 他们不断地对参与者的话进行阐释以保证所说内容清晰易懂，并使所有参与者都有被倾听的感觉。

5. 高级引导师会提出复合式的高质量问题，而不是像"为什么？"或"还有吗？"这样的简单问题。

6. 高级引导师不会将流程"隐藏"起来，而是随着进展不断地向参与者说明，这样参与者就知道他们在做什么以及这样做的原因。

7. 高级引导师不会对个人的想法进行机械的记录，他们会将不同意见在团队内轮转，以建立协调、多方向的讨论。

8. 高级引导师不会只想事情进展如何，而是经常对目的、参与者、流程和步调进行检查。

9. 高级引导师不会容忍不正常的行为，他们会冷静并且毫不犹豫地做出适当干预。

10. 在讨论中，他们会清楚记录，在合适的时间点做出恰当的总结。

11. 高级引导师知道如何帮助团队在制定决策的讨论中成功收尾以及检测他们的决策质量。

12．他们会准备好详细的行动计划，并全面考虑实施中可能遇到的阻碍。

为了进一步帮助你将这些因素加入你的"技能库"里，接下来将对以上各条进行更详细的描述，并且在下面的观察表里对此进行总结。这个观察表可以作为个人检查列表或指导工具来使用。

高级技能观察表

行　　为	记　　录
阐明目的和期望成果	
清楚解释流程	
对协商目的和流程保持开放态度	
确保已准备好恰当的规范	
说明/检查假设	
对参与者的抵触和支持态度进行测试	
不断地阐释	
提出复合式的高质量问题	
不断地对流程进行说明	
保持对话轮转，创造协同力	
定期检查流程	
定期重申目的	
定期询问参与者的感受	
定期询问大家对目前引导节奏的感受	
保持精力充沛和恰当的引导速度	
果断地进行适当干预	
清晰地记录	
准确地总结	
帮助团队圆满结束	
帮助团队检验成果质量	
帮助团队制定清晰、可行的行动计划	

经验报告

不经历失败就无法成为引导大师！不要让那些失败的经历成为你的障碍。关键是要从失败经历里获得有价值的经验。在进行一次特别艰难的引导之后，留些时间对所发生的情况进行反思。问问自己：

❑ 我对客户以及他们的历史和文化做了足够的调查吗？我真的了解团队和它的问题吗？

❑ 我能准确把握团队成员的性格吗？谁会真正地付诸行动？他们这么做的动机又是什么？

❑ 我认识到了自己关于团队的假设了吗？我对它们进行过检验吗？还是在一些假设明显错误的情况下，我依然坚持这样的假设？

❑ 我为自己准备了包括备选方案的详细流程大纲了吗？

❑ 在会议刚开始，进入正题之前，我详细说明了会议的目的或具体目标了吗？

❑ 我清楚地解释了我的角色，并获得了有效地引导会议所需的权力和支持了吗？

❑ 我和团队一起检视了规范，提出了有针对性的规范化的问题来消除可能出现的问题了吗？

❑ 在会议开始时，我获取了支持并且确保参与者感到自己和会议息息相关了吗？

❑ 即使会议进展顺利，我也定期做流程检查了吗？例如，我会问我们是否有进展？进行速度是否合适？所用的引导方法是否有效？

❑ 在解决失当或无效行为时，我表现出恰当的果断了吗？还是表现得犹豫不决、避免采取行动？

❑ 在困难时刻，我有自我挫败的想法和消极的自言自语吗？

❑ 我进行了会议结束的问卷调查以获得参与者的反馈以了解他们对本次会议的看法了吗？

引导的五项原则

本书提到的各种策略表明引导就是一项复杂又富有挑战的活动，在引导的过程中，事情往往不按计划进行。请看下列格言：

> **虽然有一些引导会比其他引导简单，但引导本身绝不简单。**

这并不是要给我们设定一个消极的基调，只是提醒我们所有可能出现的问题，都可能真实发生。它就像警钟，告诉我们预见和准备应对具有挑战的情况要比忽视它们、在它们突然出现时措手不及要好得多。

为了更准确地预见挑战，有必要了解导致复杂性的潜在源头以及相应的引导规则。

1．环境：作为引导活动背景的组织和文化环境。其中包括组织的历史、动荡或稳定的相对等级、当前目标和战略、财政状况、与主要利益相关者的关系以及不同的文化因素，如统治式的领导层的风格、员工被授权的程度、信任等级等。

未能充分调查研究组织的环境是造成引导失败的主要原因之一。它可能会导致错误的假设，以及会在会议中途浮出水面从而阻碍会议进程的隐藏的议程项。适合某一客户的引导设计方案不一定适合其他客户。这项原则就告诉我们，必须做足功课，保证我们所做的工作适合当前的具体情况以及客户的需求。

> **环境，环境，环境。**

引导的第一项原则

2．目的：这就是举行会议的原因所在。它指的是会议的总体目的，以及和每条会议议程项相关联的期望成果。如果不能准确地定义目的和确定其期望成果，就注定会是一场混乱的会议。

无论会议内容或任务描述得如何清晰、与大家沟通得如何顺利，任何讨论的焦点还是会很容易在会议中发生改变。同样令人惊讶的是，每次会议上总会有人对目的感到迷惑或对目的有不同的解读。这项原则就提醒我们，无论引导师将目的阐述得多早、多频繁，都不能保证每个人对目的达成共识。

保持会议目的清晰明确。

引导的第二项原则

3．流程：用来实现会议目标的一系列步骤。它也指应用的具体工具和技术。在内容经过检查、目的和期望成果明确之后，才能进行流程设计。

缺少流程或忽视流程的讨论无疑会变成松散的对话，这样的对话没有完全性和客观性可言，有的只是个人意见和权力游戏。在很多情况下，失当行为并不是造成会议无效的原因，事实上它是流程不完善的一种症状。

即使会议经过了精心策划，还是会有无数因素让你在现场重新设计流程的主要要素。这条原则提醒了所有引导师，在开始引导之前，脑子里一定要已经准备好了一个流程。

总是制定具体详细的议程来指导你的工作。

引导的第三项原则

4．行为：涉及人们如何互动、他们的意图、技能和互动风格。它也和参与者在讨论流程中是否表现出有效的任务和维护行为相关。

会有个别参与者表现出失当行为或有意地扰乱团队进程，事实上，很多失当的团队行为都是流程不完善造成的结果。还有一个主要原因就是，在事情进展不顺利时，引导师却坐视不管。

很多引导师都将对讨论主题保持中立理解为对人们的行为保持中立。事实上，为保证人们行为的持续有效性，引导师有必要在适当的时候做出干预。

必要时，果断进行干预。

引导的第四项原则

5．引导师：指我们带来什么、设计什么、如何呈现。包括我们的肢体语言、说话时的措辞、在团队面前的风格和所展现的态度。我们要成为合作精神的典范。

如果你展现给大家的是负面形象，那么不管掌握了多少工具和技术，你还是不可能为大家起到任何作用。所有这些因素里，以自我为中心的危害性是最大的。利用流程工作让自己显得非常重要或自己左右成果，这都会给团队带来损害。

所有真正的高级引导师都具备真诚、谦虚和敏感这三个品质。他们的主要目标是要帮助团队找到属于自己的声音，获得优异的成果。他们认识到，工具和技术虽然很重要，但最重要的是引导师积极的正面形象。

你就是工具。

引导的第五项原则

虽然有一些引导会比其他引导简单，但引导本身绝不简单。	
引导的第一项原则……………………	环境，环境，环境。
引导的第二项原则……………………	保持会议目的清晰明确。
引导的第三项原则……………………	总是制定具体详细的议程来指导你的工作。
引导的第四项原则……………………	必要时，果断进行干预。
引导的第五项原则……………………	你就是工具。

第 **2** 章
决策制定的复杂性

协助团队制定高质量决策，是引导师的一个至关重要的角色，但这一角色也非常复杂。有经验的引导师都知道，即使一个正在高效运转的会议也可能突然陷入僵局，最终以无休止的争论结束。

很多因素都可能造成决策过程脱离正轨，而且也很难将这些因素一一列出，但以下是一些引导师最常遇到的决策困境。本书对每种决策困境都进行了详细说明，具体请参见相应的内容。

决策困境 1：不清楚团队是否在做决策

当讨论到某个特定主题时，很明显团队成员想要努力达成共识，但实际上这里并不需要做出决策。他们可能总在某一点上绕圈子，例如争论列表上各项的排列顺序，但事实上这个顺序并不重要。或者他们认为在活动挂图上写下某项内容之前应征得所有人的同意，但这次讨论的真正目的仅仅就是列出各种想法，后期再进行筛选分类。在这些例子中，团队成员对他们是否应该做出决定感到很困惑。

决策困境 2：授权不清晰

在决策过程中，没有人知道团队是否有做出决策的权力。有一些参与者认为团队具备做出决策的权力；而其他人则明确表示这属于其他部门的职责。这一点让参与者感到很困惑、失望。

决策困境 3：不清楚采用哪种决策方法

在某个话题或问题确定之后，会有一场关于如何制定决策的争论。有些参与者会认为所讨论的内容很重要，也很复杂，所以需要进行长时间的讨论。而其他参与者则持相反的观点，认为应该快速解决问题。例如，将决策制定交给某一个人或以投票的方式进行，以加快决策制定的速度。

决策困境 4：采用某一方支持的流程

某个话题或问题经过详细描述之后，团队内有的参与者会宣布他们有相应的正确解决方案，然后开始热情地"推销"自己的方案。这种做法会给其他参与者带来"灵感"，他们会提出一个对立的方案，并且也向团队积极宣传。双方开始陷入"推销"自己想法的战争之中，完全不听取他人的意见。其余的团队成员则开始"站队"，选择自己支持的方案。会议中出现竞争之后，情况就开始变得情绪化了。

决策困境 5：出现群体思维

团队成员宁愿保留自己的意见，也不会坚持某个与团队意见背道而驰的立场，更不会支持与领导提出的提议相矛盾的想法。为安全起见，持有不同意见的参与者会保持沉默，随波逐流。

决策困境 6：缺少克服障碍、达成共识的技术

经过一系列讨论之后，达成一致的意见最终出炉，这条意见看似表达了团队全体成员都支持的想法。但是，就在讨论结束的那一刻，某位参与者突然说，她不能接受团队的决定。这使得其他参与者感到很挫败，于是开始逼迫反对者顺从团队的决定。

将团队关注点从"什么"向"如何"转移

在我们着手解决以上提到的各种困境之前，引导师需要认识到，通常处理这些情况的关键在于转移团队的关注点，即从决策困境产生的对"内容"的讨论转移到对"过程"的讨论。

将关注点从"什么"向"如何"转移，可以改变讨论的动态。讨论过程要素要更简单，因为它是一个相对中立的话题。它也打破了意见不一致的模式，而意见不一致通常都是发生在内容方面的。当然，人们也可能会在过程方面产生分歧，但这种分歧相对温和，而且人们对于过程要素所持的态度也不那么死板。一旦成员对决策制定过程有了清晰的认识，帮助团队成员制定高效决策就更容易了。

"现在我们停止讨论，花些时间谈论一下如何解决这个问题。"

"我提议进行头脑风暴，列出各个想法，然后对这个清单进行分类筛选，确定最佳想法。"

接下来我们将对六种决策困境相应的解决方案进行描述，所有这些方案都说明了将关注点转移到过程这个策略，目的就是将决策制定活动拉回正轨。

决策困境 1：不清楚团队是否在做决策

当讨论到某个特定主题时，团队成员明显想要努力达成共识，但实际上这里并不需要做出决策。他们可能总在某一点上绕圈子，如争论列表上各项的排列顺序，但事实上这个顺序并不重要。或者他们认为在活动挂图上写下某项内容之前应征得所有人的同意，但这次讨论的真正目的仅仅就是列出各种想法，后期再进行筛选分类。在这些例子中，团队成员对他们是否应该做出决定感到很困惑。

"我以为我们只是在分享信息呢！"　　　　　　　　　　　　　"我觉得我们应该做出决策！"

引导师应该意识到所有讨论都可以分成两类：做决策的讨论和不做决策的讨论。高级引导师总是明白自己进行的是哪类讨论，并且每类讨论相对应的工具。

不做决策的讨论中，成员们在：

- 分享信息
- 回顾数据
- 给出最新信息
- 列出各项内容

……使用的技术有：

- 引导性倾听
- 头脑风暴

做决策的讨论中，成员们在：

- 共同制定计划
- 找出问题解决方案
- 明确成员关系

……使用的技术有：

- 投票
- 多重投票

- 书写式头脑风暴
- 列出各种想法、可选项或
  后期筛选分类的标准

- 决策表格
- 建立妥协
- 做总结陈述

无决策制定的
讨论就是
我的对话
如此命名，是因为
每个人仅仅是说出
自己的想法

有决策制定的
讨论就是
我们的对话
如此命名，是因为
成员们将各自的想法
融合在一起，形成共同的意见、
解决方案或计划

在无决策制定的
讨论中，引导师可能
会在团队中抛出一个想法，
目的是建立协同效果，但大部分
都在记录成员个人的想法。

在有决策制定的讨论中
引导师让各种想法在成员间不停
地流转，让大家
在彼此想法的基础上思考
这样最后记录的内容就代表了团
队的意见。

如果没有决策制定，
那记录独立个体的想法
是没有任何问题的：

如果要制定决策，
那引导师需要搭建多方位的
对话：

"大胆地说出你们的想法，
我来做记录。"

"大家在这一点上还能
补充什么？"

我的对话更快、更简单，而
且不容易引起争议，因为人们的
目的不是达成共识。

我们的对话更慢，更难进行，
而且容易引起争议，因为人们是相
互关联的，并且要达成共识。

如何分辨是不是需要制定决策的讨论

要想确定这两类讨论的不同之处，可以问参与者：

在下一场讨论中，你们是要做决策还是仅仅分享信息呢？

为什么这一点很重要

在你明确讨论是以我为导向还是以我们为导向之后，你就可以轻松地选择相应工
具了。当清楚知道两类讨论的区别时，你就能准确判断在什么情况下将有争议的我们
过程转向相对容易的以我为中心的活动是最有利的。以下是两个具体的例子。

决策僵局

一个八人小组正在尝试用两句话准确概括其使命。成员们对词语
顺序和措辞短语颇有争议。人们开始变得情绪化，而且讨论在兜圈子。

引导师应该停止这项活动，改用以**我**为中心的技术；也就是让每位成员说出他们

认为应该使用的关键字和短语，并且引导师需要记录下这些字和短语。

然后，引导师需要让团队成员再列出使命陈述应该传达出的价值和形象，这也是一次无决策制定的讨论。

团队成员应该记住价值和形象列表，再利用多重投票点来对关键字进行排序，排序的标准就是关键字对于使命陈述的重要程度。计算每个关键字所得的点数，这样所有的关键字就有了优先顺序。将编写使命陈述的任务交给两位成员，完成之后让团队所有成员对其成果进行评定。

决策僵局
问题确定之后，团队成员开始"站队"。半数的成员支持提议 A；
其他的成员则赞同提议 B。每一方都没有真正倾听对方的想法；每一
方成员都热情饱满地介绍自己支持的提议的优点。因为没有人真正在
听，所以人们不断地重复自己的观点，于是讨论就陷入了死循环。

此时，引导师应该结束这场关于这两种提议的暴风雨般的讨论，组织成员们开始头脑风暴活动，来确定解决方案的关键成功要素。

利用多重投票法对各项标准按照重要程度进行排序。然后按照排序对每项标准赋值，排名越靠前，分值越大，根据这些标准制定决策表格。

根据每项提议是否符合决策表格里的各项标准，每个小组对其支持的提议进行解释，另一小组只能倾听或者听出澄清式的问题。在每次展示结束后，另一方对所陈述内容进行总结，不允许反驳或争论。

在团队清楚地了解两个提议之后，每位成员匿名对提议进行投票。将结果制成表格，再拿回团队中，以得到团队的认可。

在这两个例子中，在尝试利用团队集体讨论的方式以求达成一致但以失败告终时，引导师需要快速地加入以我为中心、无决策制定的相关技术，如头脑风暴、多重投票和引导式的倾听。

换个角度来看你的所有流程

有决策制定的讨论和无决策制定的讨论之间的区别可以应用到其他任何流程中。下图的改进的力场分析讨论中，团队被要求对以往的一次经历、项目或计划进行汇报，然后确定一个大家一致同意的解决方案。

1. 我们做得好的地方有哪些？ 什么行得通？ →	2. 我们做得不好的地方有哪些？ 什么行不通？ ←	3. 改进方法

第一眼看上去，这三个问题似乎都属于决策制定的问题，需要全体成员一致赞同团队所填写的内容。事实上，第一栏和第二栏里的讨论内容是无决策制定的。这两栏内容就相当于两个列表，列出所有成员个体认为重要的事情。只有第三栏属于需要决策制定的内容，因为改进方法是需要整个团队去实施的。

但需要注意的是，即使在填写第三栏内容时，也可以利用无互动的方式来进行决策制定，也就是让成员们头脑风暴，思考可能的解决方案，再采用多重投票或决策表格的方式进行筛选。

> 总结：
>
> - 分析每个讨论，看它是否涉及决策制定；
> - 分析需要决策制定的讨论中哪个环节容易出现争论或陷入僵局；
> - 设计在这些情况下可以替代以个体为中心的决策制定方法的方案。

决策困境 2：授权不清晰

对授权的困惑将会在参与者中引起最大的不信任。很遗憾的是，让团队致力于解决某些事情，但最终决定权又不在团队手里的现象非常常见。很多时候，上级管理者知道自己的要求，但不和团队沟通自己的想法，最后团队成员认为自己具有某些权力，但事实上却没有。

"我打赌，肯定是老板做最后决定！"

"不，我觉得应该是我们做！"

因为对授权的迷惑是造成混乱和幻想破灭的主要原因，引导师应该对授权的实际程度进行说明，在哪个程度上团队具有决策权，并且确保在决策制定式的讨论开始前团队能够清楚了解这些。

决策制定的四种授权等级：

等级 1　**直接决策**。由管理层做出决策，员工没有否决权，只能服从。

等级 2　**咨询式决策**。也是由管理层做出决策，但决策制定之前管理者会向员工征求想法和建议。

等级 3　**参与式决策**。管理层要求员工提出建议、制定行动计划，但最终实施之前，需要得到管理层的批准。

等级 4　**授权式决策**。管理层赋予员工绝对权力，由员工制定计划和采取行动，不必征得管理层的批准。

为确定授权等级，可以向团队成员提出以下问题：

　　管理层是否告诉你们应该做什么？要求你们贡献自己的力量，提出建议，但需要征得上级批准？或者由你们制定行动计划，而且实施计划时无须征得批准？

调整授权等级

　　在明确授权等级时，也会出现问题，就是既定的等级可能并不适合当前的任务或团队的实际发展水平。

　　如果你认为决策是在错误的等级下制定的，那么你可能要引导团队成员进行一次关于有效授权等级的讨论。像这种类型的讨论通常要争取更多的权力，但也有很多情况是团队认为应该降低其决策权力（责任）等级。

　　帮助团队提高针对具体活动或决策的授权等级，引导讨论时应提出以下问题：

- 我们需要多少权力和权威？
- 我们为什么需要更多的权力？
- 赋予团队权力的风险有哪些？
- 上级管理者的忧虑是什么？
- 为鼓励管理层提高对这次活动的授权等级，我们可以提供哪些制约和平衡？
- 作为个人和团队，我们分别需要准备承担什么样的责任？
- 为使管理者放心并且能够及时了解各项动态，我们能够提供什么样的沟通方式和报告机制？

　　为降低针对具体活动或决策的授权等级，引导讨论时应提出以下问题：

- 权力和权威的哪个等级是合适的？
- 为什么要降低授权等级？
- 团队成员还没有准备好承担什么职责？
- 管理层需要认识哪些其他风险？

　　谨记，不要自认为每个人都已清楚了解团队所具备的授权等级。必须提前对团队具有的权力进行说明并和所有相关人员进行沟通。

决策困境 3：不清楚采用哪种决策方法

在某个主题或问题确定之后，会有一场关于如何制定决策的争论。有些参与者会认为所讨论的内容很重要，也很复杂，所以需要进行长时间的讨论。而其他参与者则持相反的观点，认为应该快速解决问题。例如，将决策制定交给某一个人或以投票的方式进行，以加快决策制定的速度。

"我们需要再深入研究一下这个问题！"

"我们只需要投票，然后继续！"

一旦授权等级被澄清后，引导师需要确定决策制定的方式。可以采用多数投票的方式，还是采用需要全体成员达成共识的流程？

为了确定最佳流程，请考虑以下一系列问题。这些问题可以在评估阶段或决策制定讨论开始时提出。

"这项内容有多重要？"

"需要达成所有人员的共识和承诺吗？"

在决策制定阶段开始时，可以将以下两个问题贴到活动挂图上，来征集团队成员的想法。

这个主题或问题有多重要?

1_____2_____3_____4_____5

不重要　　　　　　　　　　有些重要　　　　　　　　　　非常重要

我们要对一个共同决策达成所有人员的共识和承诺有多重要?

1_____2_____3_____4_____5

不重要　　　　　　　　　　有些重要　　　　　　　　　　非常重要

在清楚重要问题和对凝聚力的需求之后,选择适用于当前情况的方法。记住,每一种决策方法对团队的团结都有不同的含义。

"这是一个相对来说不太重要的事情,我们可以有分歧……"

"……或者,这是一个非常重要的事情,我们必须达成所有人员的共识?"

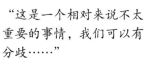

　　　　　　　　　　　　　　　　　　　　　　　一致

分歧

多数投票	妥协	委托决策	多重投票 标准化表格	建立共识
在问题不重要,团队可以承受分歧时,采用这种方法				在问题重要并且/或者承诺与支持很关键时,采用这种方法

决策困境 4：采用某一方支持的流程

　　特别普遍的一种决策障碍是：一个或多个人提出一种行动方案之后，人们的观点开始两极分化。某个主题或问题经过详细描述之后，团队内有的参与者会宣布他们有相应的正确解决方案，然后开始热情地"推销"自己的方案。这种做法会给其他参与者带来"灵感"，他们会提出一个对立的方案，并且也向团队积极宣传。双方开始陷入"推销"自己想法的战争之中，完全不听取他人的意见。团队其余的成员则开始"站队"，选择自己支持的方案。会议中出现竞争之后，情况就开始变得情绪化了。

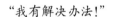
"我有解决办法！"

"不对，我才知道我们应该怎么做！"

　　在这种情况下，人们会选择支持不同的想法。选择完毕之后，各方就开始花费大量的时间对自己一方的想法进行解释说明，没有人会听其他人提出的想法，所以他们开始不断地重复自己一方的方案。随着这种情况的持续，成员们的行为开始恶化，出现争论。各组成员越来越固执，团队成员间的关系也变得紧张起来。

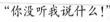
"你没听我说什么！"

"因为我的主意更好！"

　　引导师需要意识到这种很常见的动态，因为它可能在任何会议上发生，并且这种动态会导致成员行为的恶化。调整自己以识别这种容易引起冲突的模式，准备好随时停止两极分化的讨论，所有这些都可以通过以下方法完成。

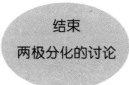

组织成员确定每个
提议的主要评价标准

让成员先将自己的
解决方案放一边

将这些标准填入
决策表格

组织团队对出现的问题
或情况进行说明

引导对当前情况的分析

进行引导性倾听，保证每一方
都了解对方的观点

帮助成员头脑风暴
各种可能的解决方案

组织个体成员利用确定
的标准对每个提议进行
打分，最终得出每位成员
都支持的行动方案

利用决策表格或标准化的
多重投票方法，最终得出
每位成员都支持的行动方案

关于解决持有自己立场的争论的更多信息，请见第 3 章。

决策困境 5：出现群体思维

造成决策制定没有效率的主要原因之一是群体思维。在人们害怕承担后果而保留自己真实感受的时候，就会出现群体思维。一旦群体思维得到了立足点，人们就会隐藏自己的最佳想法，最终导致团队制定错误的决策，落入传统的思维。

团队成员宁愿保留自己的意见，也不会坚持某个与团队意见背道而驰的立场，更不会支持与领导提出的提议相矛盾的想法。为安全起见，持有不同意见的参与者会保持沉默，随波逐流。

引导师应该意识到阻止人们说出真实想法的顾虑，特别是在各职位等级之间。出现以下情况时，这种现象则更普遍：

- 组织的文化就是以严格的等级制度为导向的；

- 领导层的风格是具有权威性或命令式的；

- 没有积极的反馈活动；

- 人们没有或极少有创造性思考或问题解决活动的经验；

- 人们对他们所处的行业和工作没有安全感；

- 团队之前就出现过冲突；

- 成员之间存在遗留的未解决的人际冲突。

只要是在评估客户的决策制定文化，引导师就应该提出关于群体思维的问题。例如：

在什么样的程度下，团队可以自由说出内心的真实想法？

在有人提出反对团队集体意见或管理者的提议时，他会要承担相应的后果吗？

团队将不同意见看作是正面的还是负面的？

克服群体思维的策略

克服群体思维有两种主要策略：营造氛围，增强开放性；选择合适的讨论技术，保证匿名或客观性。

增强开放性的策略

提高领导者的意识，让他们认识到自己的出现对决策制定的影响

教练领导者接收信息时降低权威，提升开放态度

利用视频向团队展示群体思维实例，提供训练以认识群体思维

组织团队成员制定规范，鼓励开放原则：

在开始前，我们先明确团队思维以及克服它的策略

表扬提供真实信息的成员，强调不同的想法是非常具有价值的

推进客观性的工具

讨论时，将团队分成两人小组或多人小组，不要整个团队一起讨论

用非语言的头脑风暴取代有语言的版本

确定一组评价标准，赋予每条标准相应分值，利用这些标准对提议进行评估

利用力场分析法，确定一项提议的正反两方面：

保证对提议进行了彻底的分析，让我们看看这项提议的正反方面

组织成员进行有关最佳/最差结果的讨论

决策困境 6：缺少克服障碍、达成共识的技术

经过一系列讨论之后，达成共识的意见最终出炉，这条意见看似表达了团队全体成员都支持的想法。但是，就在讨论结束的那一刻，某位参与者突然说，她不能接受团队的决定。这使得其他参与者感到非常挫败，于是开始逼迫反对者顺从团队的决定。

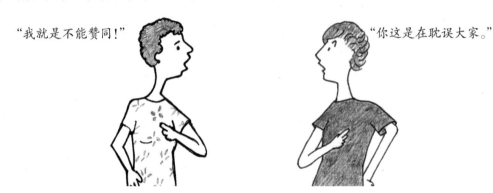

对于很多建立共识的过程来说，这都是一个很常见的问题，特别是在风险较高的情况下。有时是提出的解决方案有问题；其他时候则是有些成员故意保留自己的意见，就为在最后一刻提出反对。

如果成员的反对或担忧阻碍了团队达成共识，那么不要企图放弃已有的解决方案，可以采用"阶梯共识"的技术。

首先，在活动挂图上画出各"阶梯"。描述挂图上的每一点，让成员确定自己和已有的决策的关系。

指出自己对已有的决策的想法：

1	2	3	4	5
我完全反对，我的方案与已有的解决方案相差较大	对于提出的解决方案我有几条重要的保留意见	对于提出的解决方案，我有一两条保留意见	我不反对提出的解决方案	我完全同意提出的解决方案

（注意：第 4 点就已经是建立共识的点，不是 5。）

在所有成员都表明自己的态度之后，对选择 1、2、3 中任意一点的成员提出以下问题*：

问题 1 "你选择这一点的原因是什么？"
问题 2 "什么能够把你推向 4？"

由问题 2 的答案产生的想法会为建立共识提供一些意见，根据这些意见对共识内容进行修改以得到全体成员的一致认可。引导团队对内容进行修改，直到各方成员都到了第 4 点的位置。还要注意的是，团队可能需要额外时间解决出现的主要障碍。

* 如果开放性是团队的主要问题，那么可以以书面形式来回答提出的两个问题，并且要把团队分若干小组。这种方式的效果虽然不及在开放环境下进行整个环节，但这对于信任水平低的团队来说，是唯一能应对反对者的方式。

决策困境汇总表

在决策过程开始时，使用以下一系列问题。

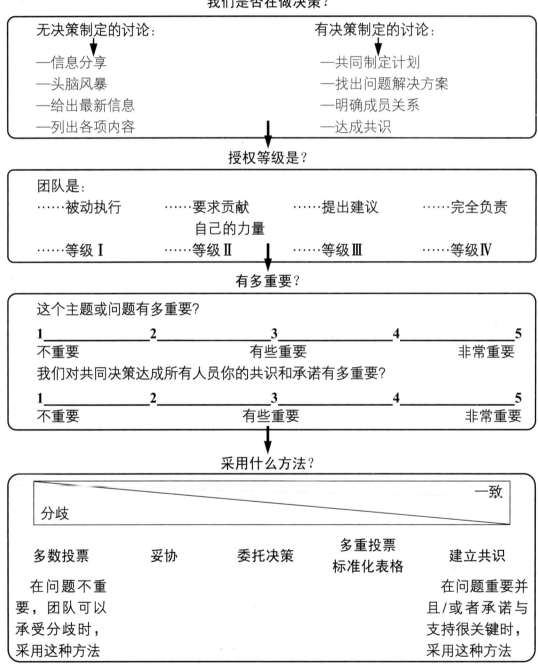

我们是否在做决策？

无决策制定的讨论：

—信息分享
—头脑风暴
—给出最新信息
—列出各项内容

有决策制定的讨论：

—共同制定计划
—找出问题解决方案
—明确成员关系
—达成共识

授权等级是？

团队是：

……被动执行　　……要求贡献　　……提出建议　　……完全负责
　　　　　　　　　自己的力量

……等级 I　　　　……等级 II　　　……等级 III　　……等级 IV

有多重要？

这个主题或问题有多重要？

1_____2_____3_____4_____5
不重要　　　　　　　　有些重要　　　　　　非常重要

我们对共同决策达成所有人员你的共识和承诺有多重要？

1_____2_____3_____4_____5
不重要　　　　　　　　有些重要　　　　　　非常重要

采用什么方法？

分歧 ————————————————————— 一致

多数投票　　妥协　　委托决策　　多重投票标准化表格　　建立共识

在问题不重要，团队可以承受分歧时，采用这种方法

在问题重要并且/或者承诺与支持很关键时，采用这种方法

关于决策制定的更多选择

　　无论何时制定决策，引导师都能够设计不同的决策制定方法。每一种方法都形成了自己对应的动态。每一种方法也有其优劣势。而且无论采用哪种方法，都会存在一定的难度。以下介绍了六种决策制定方法和其他一些消除常见障碍的策略。

　　关于妥协　应用妥协的典型情况就是，存在两种以上的解决方案，团队中成员分别支持这些方案从而形成分化。对于妥协过程来说，人们在讨论开始时就对期望结果有明确的态度。如果双方都不能接受对方支持的解决方案，那么可以设立第三种解决方案。第三种方案的主要任务就是将双方的想法结合起来。

　　在接受第三种解决方案或做出妥协时，双方在保留他们一些想法的同时也会失去他们所重视的一些结果。妥协之后，大家都会觉得自己没有得到自己预想的结果，所以他们的反应就是：我就勉强同意吧！因此，妥协的实际结果就是没有人能够完全满意最终决定。

　　因为妥协过程开始时解决方案就已经摆在了桌面上，所以各方努力争取自己支持的结果时就会出现浓浓的火药味。妥协会造成参与者之间的不和，引导师应该知道何时才需要采取妥协手段，就是在合作失败或团队内存在两种或两种以上方法而参与者也因支持不同方法而导致团队分裂时。

　　如果妥协不可避免，就要精心安排交换意见的活动，将其固有的分裂性降到最低。使用的策略包括保证双方都能听到对方的观点，并且每一方都能了解每项提议的优缺点。

优点：促成很多的讨论，创造新的解决方案。

缺点：将团队领入充满敌意的争论之中，在这场争论中，每个人既是赢家又是输家。妥协会导致团队分裂，恶化参与者之间的关系。

应用情况：在合作无法取得成果或已经存在明确的解决方案而参与者因支持不同的方案出现分裂时。

克服由妥协而引起的问题

如果决策制定活动无法重新组成一个合作性的活动,而且有必要继续妥协的流程,引导师就要使用相应的工具以克服妥协中出现的主要问题*。

妥协中出现的问题   引导师策略

- 成员只关注他们所支持的解决方案,不想听取其他想法   >   组织引导性倾听,每一方都要倾听对方的方案,然后阐述对方的主要想法

- 成员都努力地要赢   >   制定规范,改变这种心态,提出:"我们如何保证这项决定对所有方来说都是一个胜利?"

- 成员一直都在强调自己支持的提议的优点和对方提议的缺点   >   组织参与者详细分析所有提议的优缺点或让每一方只找出对方想法的优点。

- 成员变得很情绪化   >   组织成员制定决策标准,再利用这些标准客观地筛选不同方案

标准	成本	安全性	复杂性	可靠度	美感	合计
选项 A						
选项 B						

根据每一条标准对两个选项打分: 3=高,2=中,1=低。

*注意: 也可以参考本章以及第 3 章中两极分化问题的策略。

关于多数投票 这其实是妥协手段心理上的"兄弟":两者都是针对成员有自己立场的方法,将团队分成赢者和输者。在很多方面,投票是最容易造成不和的决策方法,因为它得到的是赢者通吃的结果。

因为多数投票会产生赢者和输者，决定是否采用多数投票法的底线是去问：在这个问题上，团队可以承受导致团队分化的后果分歧吗？或者，对于这个情况我们可以接受赢者和输者吗？除非答案是肯定的，否则就不能采用多数决投票法。

> **应用情况**：采用这种方法的场景是：有可选择的方案并且可以接受团队分化的存在。
>
> **优点**：速度快，可以得到明确的决策。
>
> **缺点**：速度过快，并且成员在不考虑彼此想法的优点的情况下就根据个人标准进行投票，造成低质量。赢者和输者的界定会分裂团队。这种"举手表决"的方法会给成员带来压力，迫使他们同意团队所做的决定。

解决多数投票法中出现的问题

投票法中出现的问题	引导师策略
• 成员只关注自己支持的解决方案，不了解其他小组的想法	• 给每个小组机会说出其所支持的方案的优点，期间不容许他人打断 • 让其他小组概述该小组的主要观点
• 人们对决策制定没有耐心	• 进行备选方案"优缺点"展示时，要和团队协商一个具体的时间安排，设定时间限制
• 投票法会造成团队的分裂	• 将"多数"的边界定为总人数的 66%（团队成员人数的 2/3）

关于**多重投票** 这是一个排列优先顺序的工具，在团队需要对很多项内容按照重要程度进行排序时可以应用这种方式。大多数人对投票点的方式比较熟悉，这是多重投票的一种很常见的形式。决策表格可以根据客观标准评估各种想法，这也是多重投票的一种形式。

和多数投票法不同的是，多重投票法不会造成团队分裂，而且多重投票是一项中立的方法；它既不会团结也不会分裂团队。它让成员们不再有必须同意本小组其他成员意见的压力，因为多重投票是以匿名方式进行的。利用客观标准指导多重投票过程，能够保证我们得到更有利的结果。

多重投票是公开进行的，写有排序内容的活动挂图可以背向团队，将参与者感到自己的"被观看感"降到最低。可以组织成员单独投票或在混合的小组里投票。为了防止两极分化的情况发生，不要让同一小组的成员在同一时间进行多重投票。记录完所有成员的投票之后，再让团队领导者进行投票。

即使成员不可能在多重投票中得到其想要的一切，但这项过程会让团队建立共识。这可能是因为全体成员都参与其中，而且每张投票都得到了公平的对待。在多重投票结束时，人们会想：我没有得到所有想要的，但我的投票是有价值的，我的观点受到了重视，所以我不反对最终结果。

应用情况：采用这种方法的场景是列出的备选项或条目很多，需做出选择；或利用标准筛选一系列选项，确定最佳行动方案。

优点：具有系统性、客观性、民主性以及无竞争、全员参与的特点，在某种程度上，每个人都是赢者，失败感也降到了最低。也是一种最快筛选一系列想法的方式。

缺点：因为投票比较分散，所以有可能选择不出最优的解决方案。如果多重投票是公开进行的，人们可能受到彼此的影响。

解决多重投票法中出现的问题

多重投票法中出现的问题	引导师策略
领导者先投票，会影响甚至威胁到其他成员。	要求领导者最后投票。
人们根据自己的标准进行投票，导致投票结果很混乱。	设定投票标准，如重要性、成本、轻松程度等。
人们比较恐惧在他人面前投票。	将活动挂图背向成员，一次让一位成员到活动挂图前投票，或书面形式进行投票。
人们会受到他人投票的影响。	利用投票纸进行多重投票。
会议开始之前，人们已经有了非常坚定的态度。	引导对所有备选项优缺点的全面研究。
人们对自己支持的内容进行多次投票。	制定规则，每个人只能对每个备选项投一次票。
在投票即将进入尾声时，人们投出决定性的一票。	组织人们按照一定顺序依次进行投票，或使用投票纸。
没有人支持多重投票的最终结果。	剔除最后三到五项内容，进行重新投票。
多重投票没有得出决定性的结果。	加大每张投票分值的差距，如 10、7、4、1。

关于建立共识 这是一个包含多个阶段的流程，以团队中普遍存在的需求、兴趣或问题开始。它涉及让全体成员对与当前情况相关的事实进行彻底的分析，然后通过合作的流程，如头脑风暴，形成多种解决方案，最终取得成员一致同意的结果。

因为这种方法的特点是多倾听、公开争论和检测各种备选项，所以通过建立共识产生的决策能够得到所有成员的同意。成员一起工作，所以会让团队变得更加团结。共识会帮助团队能够团结大家，团队应该采用这种方法来制定大部分的决策。

不要和"共识"本身混淆，建立共识是一个系统性的过程，包括以下各步骤：

- 讨论要更多地以事实为基础，而不是感觉；
- 倾听每位成员的想法，重视所有意见；
- 分享各种想法；
- 要积极倾听，阐明所有想法；
- 我们要针对的是观点，而不是人；
- 成员互相吸收、借鉴彼此的想法；
- 不要推动成员同意预先定好的解决方案，要对所有方案保持开放、客观的态度。
- 如果所有成员都参与了最终解决方案的制定过程，那么他们会非常满意所得到的结果。
- 团队会征求每位成员的意见，而且他们都认为自己参与其中，那么即使最终解决方案并不是本小组支持的方案，他们也不会提出反对。

应用情况：对于需要整个团队的投入和付出的重要决策来说，这是唯一有效的决策过程。系统地完成建立共识的过程需要一定的时间，决策的重要性值得所花费的时间。

优点：一种合作力量，会团结整个团队，提高成员的参与度。它是系统性的、客观的和以事实为基础的，它会增加成员对最后结果的支持和使命感。

缺点：耗费时间。如果收集的数据不正确或成员缺乏有效的团队技能，会影响建立共识的质量。要求团队具有比所呈现的更高的开放度和信任感。

共识和建立共识的对比

引导师要知道，引导在本质上就是一个建立共识的过程，这种认识是至关重要的。这就意味着，除了列出各项内容或记录头脑风暴所得出的各种想法之外，引导师要协助团队成员达成共识。了解到共识本身产生的方式有很多种也非常重要。引导师可以通过以下方式创建共识：

- 总结一系列复杂的想法，而所有成员都满意这个总结；
- 协助团队设定一个共同目标，每位成员都能对此投入自己的力量；
- 通过一项富有挑战的活动，来得到全体成员的支持；
- 将成员的想法联系起来，让成员觉得他们所说的内容是相同的；
- 在活动挂图上用全体成员都能接受并且认可所记录的所有内容的方式进行记录。

相反，建立共识是一系列复杂的过程，旨在得出一致结果。下列表格清晰地说明了这项重要的区别。

> **共识（名词）**：决策过程的结果，并得到了每位成员的认可、支持。在多重投票甚至激烈讨论之后，会自然而然地产生。
>
> **建立共识（动词）**：一系列系统性的步骤，让成员共同协作，客观地寻找最优解决方案。

引导师应该避免用以下问题来结束一个建立共识的联系：

"每个人都满意吗？"甚至"每个人都同意吗？"在一个重要的共识过程结束时，每位成员都需要做出让步，很可能得不到他们想要的。

共识并不是要让所有成员都满意或让他们百分之百同意。它的目标是要得出某个结果，这个结果就是在当前环境下最可行的活动。

不要问：我们都同意吗？或每个人都满意吗？

可以问：我们是否得到了一个深思熟虑之后的成果，每个人都认可，并且致力于将它付诸实践？

建立共识的流程概述

从最宽泛的意义上来讲，这些流程是：

1. 参与者在议程上分配适当的时间，并做出承诺采用建立共识的方式来处理确定的议题；

2. 给予参与者足够的时间，以便他们完成任务并收集到必要的信息；

3. 引导师协助团队为每个步骤分配时间，指定某位成员为计时员；

4. 引导师协助团队写清楚所要讨论的问题；

5. 引导师组织团队确定期望的结果或决策过程的目标；

6. 引导师确保经过团队同意的、用来定义参与者的有效行为的规范已经完成；

7. 引导师带领大家做一次针对当前情况的彻底分析；

8. 确定假设，并对假设进行检验，分享所有的事实，在活动挂图上进行总结记录；

9. 彻底分析之后，团队开始头脑风暴各种可能的解决方案，要记录提出的所有想法；

10. 根据团队制定的一系列标准，对提出的解决方案进行评价；

11. 确定最终方案，列出清晰的活动过程，成员共同策划详细的活动计划；

12. 为避免出现任何差错，通过预见造成团队无法实施关键步骤的原因，团队对活动计划进行"故障排除"；

13. 详细说明各种角色和职责，建立报告机制；

14. 将与利益相关方进行信息沟通这一项列入计划之中。

解决建立共识过程中出现的问题

建立共识中出现的问题	引导师策略
耗费时间。	在预测实际时长时，考虑团队人数。
对于这个过程来说，问题过于严重。	避免解决"大"问题；将问题细分成各个小问题，再逐一解决。
出席的人员不正确。	提前确定关键利益相关方，邀请他们来参加会议。
数据不足/缺失。	在策划过程中，加入确定所需投入的步骤。
跳过某些步骤。	保持在正确的过程轨道上；让成员写下自己的想法，以便后期使用。
信任度低。	考虑利用"小"小组或"开放空间"的方式；用小纸条替代公开的头脑风暴；避免针对不同备选方案优点而进行的争论，采用多重投票法。
针对自己的意见进行激烈的争论。	施行引导性倾听，成员可以对彼此的观点进行解释；进行优缺点分析，确保均衡浏览各种关键想法。
传统思维。	让成员戴上其他"帽子"；提出具有挑战性的问题；制定描述新鲜想法的标准，利用这组标准对进程进行判断。
建立共识时受阻。	利用"阶梯共识"。
最终结果不确定。	制定具体的结果测量方式和报告机制。
对活动计划的后续跟进不完善。	通过预见干扰活动计划实施的因素，找出可能出现的问题。

工具概括

<table>
<tr><td>营造氛围：</td><td>—开场白 —提出问题和事件 —制定规范
—对各项议程安排进行优先排序 —安排房间和服务设施
—热身活动</td></tr>
<tr><td>建立关系：</td><td>—"了解你"活动 —制定规范 —训练有效行为
—进行角色说明 —协商关系 —制作知识图
—交叉培训 —制定工作计划 —协商放权等级</td></tr>
<tr><td>设定环境/
获得支持：</td><td>—调查和面谈 —做问卷 —了解规模 —规划愿景
—使命陈述 —说明参数 —目的和具体目标
—利益/后果 —"对我来说是什么？"谈话</td></tr>
<tr><td>感知：</td><td>—问卷 —调查 —面谈 —初步试验 —连续提问
—确定基准点 —引导性倾听 —风险评估 —德尔菲法
—环境调查 —SWOT 分析 —思考帽</td></tr>
<tr><td>分析：</td><td>—根据既定绩效评价标准进行评估 —成本/收益分析
—力场分析 —差距分析 —因果分析 —鱼骨图
—故事板 —提问 —过程图 —环境调查 —确定基准点</td></tr>
<tr><td>想法收集：</td><td>—头脑风暴 —匿名头脑风暴 —问卷调查
—思考帽 —漫游挂图 —焦点小组 —调查</td></tr>
<tr><td>想法分类：</td><td>—设定标准 —优先排序 —决策表格 —关系图 —多重投票
—流程图 —散布图 —矩阵图 —趋势图 —帕累托图</td></tr>
<tr><td>制定决策：</td><td>—投票 —妥协 —多重投票 —决策表格 —分配给一位成员
—确定妥协方案 —建立共识 —阶梯共识</td></tr>
</table>

决策制定路线图

　　决策制定的过程有一个总体框架，首先进行大范围的讨论，然后逐渐缩小，最终获得解决方案或行动安排。引导师需要了解，每种工具都具备开始、发散、收敛或关闭的特征，这样每种工具就可以应用到合适的阶段，正确地与其他工具进行组合。

开始	发散	收敛	关闭
— 背景描述	— 数据分析	— 设立标准	— 下一步
— 参数	— 找出原因	— 优先排序	— 实施
— 结果	— 与利益相关者	— 排除	— 后续跟进
— 排序	核对	— 评价	
— 收集各方案			
工具：			
— 收集数据	— 提问	— 设定标准	— 行动步骤
— 设定参数	— 因果关系	— 多重投票	— 计划安排
— 检验假设	— 鱼骨图分析	— 决策表格	— 设计角色
— 确定基准点	— 差距分析	— 优先排序	— 活动跟踪
— 规划愿景	— SWOT 分析	— 关系小组	— 成果监督
— 阐明目标	— 故事板	— 流程图	— 问题排除
— 测量产出	— 过程图	— 散布图	— 评估结果
— 陈述问题	— 数据分析	— 帕累托图	— 奖励
— 利益和后果	— 焦点小组	— 矩阵图	
— 优先顺序标准	— 思考帽	— 影响分析	
— 名义小组	— 头脑风暴	— 利益相关者投票	
— 德尔菲法	— 开放空间陈述	— 共识	
— 风险分析	— 投票		
— 引导性倾听	— 优劣势		
	— 妥协		

决策制定清单

___在团队面前说明，讨论的目的是否是要制定决策。

___浏览关于这项内容的有效授权等级。

___向团队确定讨论主题的重要性，团队是否能够承受分化，还是必须达成共识。

___明确采用哪种决策制定方法，向成员说明各个步骤。

___注意决策制定中产生的两极分化问题，确保每位成员都积极倾听他人想法。

___引导关于制定规范的讨论，确定符合所讨论问题敏感性或难度的规范。

___留意群体思维，如果成员对于所讨论的内容有重要的想法，鼓励他们不要有所保留或直接放弃。

___严格遵守所采用的流程，避免为了方便而跳过某些步骤的行为。

___在进入下一个主题之前，一定要先结束上一个决策步骤。

___如果讨论开始停止不前或出现无效行为，一定要中止活动，立即采取干预措施。

___对于活动计划，如果团队出现过不完善的后续跟进情况，一定要在会议议程中安排针对活动计划而进行的问题排除环节，确保能够预见可能出现的障碍，也让成员知道团队要严肃对待后续跟进这个环节。

关于决策有效性的问卷调查因素

要认识到决策过程中的弱点，问卷调查是一种非常有效的方式。问卷调查中应包括四个以上的问题，从而得到改进措施。

*以下所有问题都有 1～5 个等级：

1	2	3	4	5
缺乏	可以	满意	好	优秀

问题：今天的会议上采用的决策制定流程有多周密？

问题：时间利用率有多高？

问题：成员完成其任务的效果如何？

问题：对于倾听、吸收他人的想法，我们做得如何？

问题：我们产生的想法的创造性和创新性如何？

问题：我们评估不同备选方案的客观性和平衡性如何？

问题：我们结束的程度如何？

问题：我们对最终决策的满意度如何？

问题：最终决策的质量如何？

问题：我们活动计划的可行性如何？

决策有效性问卷调查

利用下表，评估团队决策制定的有效性。以下因素实施程度如何？

| 缺少系统性的计划方式 | 1 | 2 | 3 | 4 | 5 | 逐步进行所采用的流程 |

缺少系统性的计划方式　　1　　2　　3　　4　　5　　逐步进行所采用的流程

没有检验假设　　1　　2　　3　　4　　5　　彻底检验所有假设

过度地使用投票法；　　1　　2　　3　　4　　5　　合理使用决策方法
错误地使用共识法

成员不以他人积极　　1　　2　　3　　4　　5　　成员互相倾听
的想法为基础

成员只关注自己的想法　　1　　2　　3　　4　　5　　成员倾听彼此的想法

针对不同观点进行激烈　　1　　2　　3　　4　　5　　针对不同观点，进行
争论　　　　　　　　　　　　　　　　　　　　　客观的辩论

不进行流程检查　　1　　2　　3　　4　　5　　进行流程检查

没有时间观念　　1　　2　　3　　4　　5　　有计划地使用时间

被动或缺少引导　　1　　2　　3　　4　　5　　积极并且果断地进行引导

一些成员处于支配地位，　　1　　2　　3　　4　　5　　全体成员平等参与
其他成员则非常被动

成功决定的内容很少　　1　　2　　3　　4　　5　　真正结束

没有可以实施的计划　　1　　2　　3　　4　　5　　清楚明确的活动计划

第 **3** 章
冲突管理策略

虽然引导师需要一直保持乐观的心态，相信引导过程会很顺利，但更重要的是，对于可能遇到的棘手情况有清醒的认识。显而易见，大多数的引导任务都不会像预期，那样顺利。因为一系列复杂的原因，每一场会议都很容易变得举步维艰。

在处理冲突情况时，一定要记住，失常行为是一种症状而不是一个原因。造成人们表现失常的原因有很多种。

任务问题：参与者无法完成所分配的工作，可能是由于缺乏所需的技能，或者超负荷工作，也可能是由于任务描述不清晰，或者参与者对任务不认可。

流程问题：处理任务所用的流程不奏效。

组织障碍：参与者缺少处理某个任务所需的权力，也可能是组织障碍限制了参与者的努力。

缺少技能：参与者缺乏基本的会议、问题解决、团队决策的技能。

无效领导：一些领导者缺乏团队管理技能，甚至利用自己的权力故意破坏团队的有效性。

人际冲突：性格不合、以往冲突遗留的怨恨、个别人离间同事等。

在本章中，你会了解到高级引导师如何透过表面的冲突看到事情的本质，并据此选择相应的干预措施。

如果你承担引导工作已有一段时间了，你也许经历过很多棘手的情况，其中包括：

- 团队所要处理的事情过多，结果造成参与者仓促地从一个主题进入下一个主题。
- 在设计会议时，没有充分考虑流程，以及每项议程该如何完成。
- 由于缺乏中立的引导师的指导，会议可能会偏离正轨。
- 有些团队可能未接受过关于高效参与会议的培训，所以会出现失常行为。
- 有些成员更善于在一对一的模式下工作，在团队中可能会不适应。

- 管理者拒绝一切结构化的研讨，因为他们认为这是一种束缚，会影响团队讨论。
- 基层员工习惯于传统的自上而下的管理风格，所以他们没有将决策制定看作自己职责的一部分，或者觉得这不是自己分内之事。
- 组织的裁员、持续变革、缺乏跟进等方式，可能会引起员工的怀疑和抵制。
- 发起人常常对引导缺乏清晰的理解，他们可能会发展到和引导师竞争或对引导角色进行干涉。

引导师的十大错误假设

作为引导师，我们经常会在错误的假设下解决会议中出现的问题。引导师总是自认为参加会议的人员都是抱着一种积极的心态，并且能够主动去做正确的事情。但是在当今这种高压的工作环境中，这些假设既不切实际又显得很幼稚。这并不是意味着引导师就应该"愤世嫉俗"，而是应该在引导中认清现实。为了保证你能应对当今工作环境中的挑战，你需要自我检查，不要有以下十种错误假设。

错误假设 1

人们想要参加会议

在大多数组织中，人们都在与时间赛跑，承担着从未有过的压力。这就意味着，对于没有结果的会议，他们根本没有时间或精力从头坐到尾。在当今的大环境中，最合理的假设就是，参与者对于参与会议并不感到兴奋，需要有开场活动来赢得大家的支持。

错误假设 2

每位参与者都清楚会议目的

即使会议议程已提前告知大家，但是还会有很多人不清楚会议目的。更糟的是，随着会议的发展，会议焦点一般都会转移，这会造成更多的困惑。最佳的假设就是，人们不知道他们参加会议的原因，所以在开始时需要告知目的及议程。在会议中，最有效的一个做法就是定期重新确认目标，以保证团队成员一致。

错误假设 3

不存在分心、心理包袱或历史遗留问题阻碍成员的参与

工作环境中有很多不定因素，所以意识到人们的心思可能不在会议上这一点很重要。不论是传言还是真实情况，只要解聘、人员变动或大范围重组的消息传到人们耳中，他们就会表现出严重的注意力不集中甚至骚动。出现这些情况时，最重要的是要在进入正式会议议程之前，组织一次活动，消除人们的忧虑。

错误假设 4

人们已了解引导师的角色和权力，准备好甚至急切地想"被引导"

对于很多人来说，引导仍然是一个模糊、难懂的概念。如果团队领导者也出席了会议，参与者就会不清楚领导者和会议引导师如何和平共事。如果你正在引导你的团队，甚至你作为外部人员正在引导团队，那么参与者很可能会有这样的疑虑：是什么给了你管理会议流程的权力？所以最合理的假设是，人们需要一个清楚的解释：什么是引导师的角色？你将如何支持他们达成目标？

错误假设 5

参与者已具有合理的权力，可以做决策和依照会议议程安排行动

参与者经常会有这样一种误解，那就是当要求他们提供不同意见时，他们会认为自己在制定某个决策。还有一种情况就是，团队在已经做出决定的问题上继续浪费时间。无论是哪种情况，参与者最后都会感到不信任、被操纵。除非这种情况得到解决，否则这种不满情绪会一直延续到后面的会议。所以，作为引导师，一定要将团队决策权力的范围解释清楚，并且确定决策过程中的所有限制因素。

错误假设 6

幕后没有政治或人际因素操作

我们可能会认为，某个议程非常精确，但实际上，真正的议程通常是隐藏的。最安全的做法就是假设政治或人际因素在幕后操作。专业引导师会提前做好功课，深入了解这些潜在因素，知道让这些隐藏动机浮出水面的策略，避免遇到问题时措手不及。

错误假设 7

中立意味着不坚定

太多引导师认为自己对会议议程内容的中立就意味着对流程也要保持中立。但正确的却是其对立面，引导师应该在流程问题上具有指导性。除了要选择正确的方法，引导师还要指出流程中出现的问题，矫正失常行为。换句话说，高级引导师知道在保持对内容中立的前提下，如何对流程进行合理的管理。

错误假设 8

我必须容忍他们的行为

没有任何规定说，引导师应该忍受行为不当的团队对他的不尊重，不管团队的级别有多高，或他们把自己看得多重要。所有引导师都有权受到每个人的礼貌对待。引导师也要清楚，如果团队极其混乱并且拒绝一切干预，那么你也有权放弃任务。

错误假设 9

我经验丰富；我即兴发挥就行！

除了进行小的、即兴的引导之外，引导师一定要做足功课，制定一份详细的会议方案，其中要包括一些备选活动。这样的准备可以增加信心，能够在首选的会议设计效果不理想的情况下，提供备选策略。最佳的方式是有一个周密的计划以及几个备选方案，而不要在会议即将失败时才停下来思考，是否有其他可选择的会议流程安排。

错误假设 10

会议目标没达成，是我的错

当出现问题时，引导师一般会自责。这就忽略了一个事实，即失败的原因可能是团队表现不佳，或会议目标不合理。更合理的策略是收集客观的反馈，分析问题的原因，而不是陷入自我挫败的想法中，失去自信心。

在会议设计阶段，这份关于错误假设的列表可以作为每位引导师的检查点，帮助你制定击破它们的策略。当这些错误假设出现在具体情况中时，本章后面介绍的干预措施可以帮助你逐一应对。

实施干预的重要性

即使经过最周密策划的会议也会出现问题。清楚这一点之后，高级引导师总会做好准备，采取正确的行动。他们会不断地监控团队动态，定期检查流程的有效性。

当有效性降低时，高级引导师不会假装没看见，也不会祈祷问题会在团队休息结束后自动消失。相反，他们会对当时的情况进行评估，及时做出适当的干预。

> 干预的定义：
>
> 为改善某种情况而采取的行动。

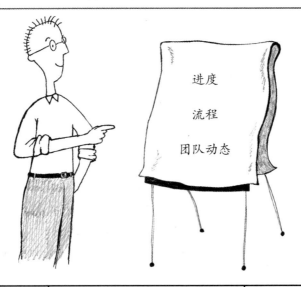

"我们停下来，看看会议是如何进行的。"

| 进度 |
| 流程 |
| 团队动态 |

检查进度	检查流程	检查团队动态
关于进度，问参与者：	定期问参与者，他们是否认为会议的设计流程是有效果的：	观察肢体语言，定期问参与者：
"你们对会议进行的进度感觉如何？	"我们正在使用的方法有效吗？是否应该换种方式？	"每个人的感觉如何？
是拖沓还是过快？	我们还可以怎样做？	你的能量水平如何？
我们能够做什么来改善会议进行的进度？"	你认为我们的讨论是否会受益于……"	是否有人因为没人倾听自己的观点或会议没在正轨上而感到泄气？"

清楚何时进行干预

任何干预，无论其时长和复杂性如何，对团队来说都意味着中断。你让团队停了下来，让他们的注意力集中在流程或团队运行上。因为干预破坏了讨论的流畅性，所以很重要的一点就是，要快速解决问题，迅速回到讨论中。

如果一出现问题就进行干预，那么你打断团队的频率可能就过高了。你应该识别那些必须进行干预的情况。下面的内容可以用来决定进行干预的合理时机。

问问自己：

- 问题有多严重？
- 它可能自行解决吗？
- 如果我不采取行动，会发生什么？
- 需要多少时间进行干预？我们时间充裕吗？
- 干预引起的中断会持续多长时间？
- 对团队动态会产生怎样的影响？
- 在团队现有的开放度和信任水平下，参与者能够处理干预吗？
- 它会对会议的流畅性产生什么影响？
- 进行干预可能损害参与者自尊的可能性有多大？
- 干预造成负面影响所带来的风险是什么？
- 对这些人的了解程度是否能够支持我进行干预？

如果对于以上问题的答案支持你进行干预，那么无论如何都要采取行动；如果真的需要进行干预，那么不作为只会让问题更严重。

九种干预方式

本书从外在表现、潜在原因、引导陷阱和干预策略等视角，介绍了 30 种常见的引导困境，并基于有效引导的基本原则和核心理念，针对上文提到的十种错误假设提供了解决策略。所有干预措施都是在流程层面上进行的，目的是保留引导师的中立角色。

本文所介绍的干预策略大致分成九个类型。随着深入了解，你会发现解决某些情况只需要一种方法即可，而有些情况则需要两种以上的干预方法结合起来使用。每种情况都有其独特性，所以你需要去判断应该采用哪种干预方法，还需要明确干预时机和活动的顺序。

干预类型 1——环境设定

适用于：目的、流程、决策和其他因素不清晰或缺失

干预活动包括：创建愿景或明确目的；设定具体目标；设定流程或其他产出；阐明角色和职责；建立时间框架；确定预算和其他限制条件；澄清决策等级。

愿景/目的

目标/可衡量的成果

角色和职责

制约因素：时间、预算、边界条件

可控/不可控

放权等级/决策制定的权力

干预类型 2——建立使命感

适用于：信任度低、参与者抵制或不接受

干预活动包括：在会议开始前进行面谈和问卷调查以提高对阻力因素的认识；在会议中使用评定量表以评价阻力水平；进行力场分析以定义障碍；引导同伴面谈以缓解顾虑；提出支持性问题以建立承诺；为主动倡议的行为创造组织支持。

确定机会和障碍

说出担忧和问题

帮助参与者看到自己能够获得的利益

提出并解决阻碍因素

创造组织支持

干预类型 3——流程调整

适用于：讨论停滞不前，团队没有进展或进展不明显

干预活动包括：停下来检查所运用的工具或方法是否有效果；检验当前的方法；尝试备用的方法。

现在的方法有效果吗？

我们是否考虑了所有的关键因素？

每个人是否都感受到被倾听，而且自己属于流程的一部分？

答案的质量是否符合我们的要求？

我们应该尝试另一种方法吗？

干预类型 4——形成规范

适用于：团队缺少应对挑战所需的规范

干预活动包括：提出一般性的规范问题；针对具体情况提出规范问题；利用调查的形式来检查参与者对现有规范的遵从性，如下所示：

对于专心倾听他人的想法，我们做得如何？

1_____2_____3_____4_____5_____

对于出现分歧时，依旧保持客观、开放态度，我们做得如何？

1_____2_____3_____4_____5_____

对于在会议中紧扣主题，我们做得如何？

1_____2_____3_____4_____5_____

干预类型 **5**——重新调整行为

适用于：无效行为威胁到会议进程和团队凝聚力

干预活动包括：对个人进行私下指导；使用"三步法"进行现场指导：

1）描述行为："我注意到……"
2）描述影响："我担心……"
3）调整行为："我希望你……"或"我们应该做……"

干预类型 **6**——结构化反馈

适用于：团队成员需要得到行为反馈以做出正确行动

干预活动包括：进行一系列调查，如团队评估工具、会议有效性调查、离场调查等，然后利用"调查反馈"法对反馈进行处理：

这样评定的原因	如何改善

干预类型 7——调解冲突

适用于：双方公开发生的冲突影响到整个团队的进程

干预活动包括：私下将冲突双方带到一起，这样他们可以彼此倾听，并交换各自的需求与给予：

我（们）需要你：	作为回报，我（们）可以提供：

干预类型 8——发展技能

适用于：团队成员缺乏客观讨论、制定决策、实施行动所需的关键技能

干预活动包括：实施技能评估、观察团队流程并提供反馈、开展正式的培训；提供即时阅读材料；利用角色扮演和指导活动：

我们具备的技能	我们需要的技能

干预类型 9——发展关系

适用于：团队成员间由于不熟悉或紧张而放不开

干预活动包括：破冰活动、热身游戏、团队挑战赛、幽默。热身活动要视具体动态而定，在此不再提供实例。

在阅读完后面描述的 30 种案例之后，你会发现所做出的干预实际就是九种类型活动的不同组合。虽然某些干预可以由单一类型的活动组成，但大多数情况下都是各种干预活动的复杂组合。

很多人都认为幽默是治疗困境的良药。如果事实真是如此，那我们的会议可真是欢乐多多！

幽默确实可以活跃会议，为成员建立亲密关系，但不要试图依靠它来解决严重的问题。事实上，使用幽默而不是特定的干预策略，会让你看起来像一个没有效率的小丑。

"你听说过那个……"

积极面对的艺术

　　对于引导新人或那些只引导过和谐会议的人来说，接下来介绍的干预措施可能会显得过于强硬，甚至带有些挑衅。如果你不习惯引导困难议题，那你会认为很多建议的干预措施都太过强硬！

　　有这样的反应是可以理解的，特别是你引导的团队里有你的同事或上司！如果你面对的也是这样的情况，那么请记住所有干预措施都是为了协助团队——从来都不具有挑衅或惩罚性。正确做到这一点的关键是你实施干预的方式。这就包括你的目的、用词、肢体语言和讲话的语气。

　　如果你很生气或态度尖酸刻薄，或使用严厉并且带有批判性的语言，那么你所进行的干预会给人一种挑衅的感觉。以下是一些小建议，可以帮助你避免这些严重的后果：

- 一直保持中立的流程角色；不要和团队成员发生冲突，即使他们直接攻击你个人；
- 不管他人如何表现，你要保持冷静，语速要放慢；保持中立的肢体语言；
- 保持开放、友好的态度，特别是在面对你要对其进行调整的人时；
- 避免评价他人的动机；不要给任何人贴标签或进行指责；
- 经常对团队和团队成员表达关心；
- 以重新调整局面为中心，让团队重获效率。

接下来会对干预进行详细描述，包括措辞和策略，可以让你有效处理困境，而不会带来其他问题或使情况更糟。所有的这些干预都基于以下两个步骤：

> 步骤 1 让团队认识到现在的无效情况。
>
> 步骤 2 采取行动，提高团队效率。

监督你的自我对话

所有引导师都经历过当事情毫无进展甚至每况愈下时那种失落感觉！此时，惊慌失措、自我怀疑也是正常现象。但是，你恰恰不应该这样做！倾听自己内心的声音，当出现问题时，你自然会想：

有如此悲观的想法会影响你的能力和效率。相反，要关注人们在互动过程中所具有的复杂性和挑战性。换一个视角思考，狂风暴雨很正常，并不意味着你做得不好。

在负面的自我对话潜入你的意识时，换掉这些想法，取而代之的想法会帮助你度过这些动荡期。

毫无效果的情况

有些时候努力就是毫无效果，对于这一点我们都需要接受！重要的是，你要认识到这样的情况，终止那些根本不会成功的引导。在有些情况下，我们的努力是得不到回报的，这样的情况包括：

- 会议的真正目的并不是要解决问题或根据讨论内容采取行动，他们仅仅就是机械地参加各环节；
- 存在一个或多个制约因素，这些制约因素并不在团队的控制范围之内，从而使得所讨论的情况根本无法改变；
- 参与者的行动带有负面目的，他们利用会议之机互相攻击；
- 一方或多方利用会议实现个人成果，获得政治权力或控制某种局面；
- 大部分的决策在私下已制定完毕，人们参与会议仅仅是个形式；
- 参与者利用会议来解决遗留的冲突问题，而这个冲突问题应该在其他地方解决；
- 信任度过低，参与者根本无法继续前进；
- 一位或多位参与人员存在性格问题，需要接受专业咨询。

最后，请记住：如果一项引导任务根本无法完成，参与者对你或其他成员不诚实、不尊重，那么你不必接受这样的任务。明确说出你的顾虑，告诉对你发出邀请的人：对于这项任务，你并不是合适的人选。优雅地退出，保留一个机会，未来具备条件时还可以再进行合作。

接下来将具体介绍 30 个引导师可能遇到的典型冲突的例子。每个例子中，都有对挑战的描述、对实际情况的评估、关于引导师陷阱的列表以及详细的干预策略。

冲突情况

1. 角色混淆

"引导师是什么？"

挑　　战

- 参会者会问你是谁，并且好奇为什么你会出现在会议上。
- 如果你是团队成员，人们会不明白你为什么突然扮演另一个不同角色。
- 领导者对会议如何进行加入自己的意见，并且怀疑你提出的流程方案。
- 关于所讨论的话题，人们征求你的意见。
- 如果停止流程，调整行为或以某种方式进行干预，参会者会觉得很惊讶。
- 人们希望你对部分或全部的后续行动步骤承担责任。

"你认为我们应该做什么？"

真实情况	引导师陷阱
- 人们不知道引导是什么或如何使用引导； - 因为人们不理解这个中立的流程角色，所以他们会认为你是为所讨论内容提供建议的人； - 外部引导师经常被认为由管理层聘请，代表了管理层的观点； - 过去曾对会议有控制的人可能会拒绝让你管理会议流程； - 有些领导者会认为会议是他们自己的，如果让其他人操作，就是削弱他们的权力。	- 认为人们知道引导的定义，了解会议流程和内容之间的区别； - 不对角色进行清楚解释； - 没有向团队提出为了有效承担引导师的角色，需要团队成员做什么； - 没有与领导者提前见面，以确定各自的角色； - 不论任何时候，当对你的角色认识出现困惑时，没有及时说明会议流程。

干预策略

- 提前判断团队成员是否了解引导;

- 在会议之前要和领导者见面,评定其对引导的认可程度,并且对双方各自的角色进行说明;

- 在会议开始时就要立刻解决角色不明的问题,清楚简洁地对不同角色和引导师职责进行说明;

- 一旦出现角色不明的问题,就要指出来,并且立刻回顾会议开始时你所做的那些解释。

引导师会做……
— 对会议的进行方式提供建议
— 提供工具和技术
— 确保我们听到了每一位成员的想法
— 指出跑题现象
— 提出探索性问题
— 提供各种想法,以供参考
— 在会议中提供反馈
— 提出改进建议
— 协助团队结束议题
— 鼓励明确后续的步骤
— 管理流程以使参与者自由讨论

引导师不会做……
— 试图影响你的决定
— 剥夺你的控制权
— 替你制定内容上的决策
— 承担采取行动的责任

"以下你将看到我在会议上会做的和**不会做**的……"

*小贴士
在任何会议上,一定要时刻留意人们变得困惑的迹象。比较有效的做法是:定期询问参与者,看他们是否需要再次回顾你的角色。

2. 人身攻击

"你到底是谁？"

挑　战

- 你刚刚做完自我介绍，就有人"勇敢地"向你提出两个问题：你是谁？你凭什么引导会议？
- 反对者可能会说，外部的人对他们的组织及成员的了解程度不够，根本无法管理重要会议；
- 在真正具有冲突性的情况里，参与者甚至会挑战你本人或你的资质。

"你不是这个领域的专家！"　　　　　"你不是这个组织的。"

"你不了解我们！"

真实情况

- 参与者可能确有理由怀疑你是否有资格来引导讨论，特别是在讨论内容的技术含量较高或其历史比较敏感的情况下；
- 团队成员可能不了解引导师的角色，认为你会参与决策制定环节；
- 团队内一位具有控制权的人可能会挑战你的权威性，因为他们习惯了站在前面；
- 有些人可能会故意给你施加压力，检验你处理冲突的能力。

引导师陷阱

- 很生气，变得情绪化；
- 直接告诉反对者，自己感觉受到了冒犯；
- 开始自我保护，不厌其烦地详细介绍你的经验和资质；
- 用那些"大人物"的名字来捍卫你的地位；
- 同意你资质浅、技能匮乏；
- 彻底崩溃，当场放弃。

"我之前做过这样的工作！"

"我有博士学位！"

"我认识你们的CEO！"

干预策略

- 保持冷静，不要回应任何具有挑战性的评价，即使它是一个直接的问题；
- 让大家重复其反对理由，通过这种方式驱使他们为自己的理由负责，让他们听到这个理由是有多可怕；

"我是说，我认为你没有资格来管理这个会议。"

"请重复你的担忧，让每位成员都能听到。"

- 要求提供更多的细节，让反对者解释其所说的意思。可以说："请准确告诉我，你在担心什么。"
- 肯定自己收到的评价，并且感谢反对者让团队意识到问题的存在；这会让你成为反对者的支持者，更多情况下，会让反对者对自己的攻击感到愧疚。例如，冷静地说：

  "谢谢你这么勇敢。对于我不具备资格或不了解这个团队这一点，你也许是对的。"

- 现在通过向他提问，将球踢给反对者：

  "关于我的资格，你需要知道什么才能对我有信心？"

  "你还有其他什么背景信息可以跟我们分享？"

- 只在团队成员直接要求的时候，才向团队提供关于自己教育和经历的详细内容；

- 如果问题源自对引导师角色的不清楚，那么将你的角色描述成流程把控者；

- 结束对你的直接挑战的一种方式就是重复成员的忧虑，然后让这个问题远离聚光灯，你可以说："你认为我不是这个工作的合适人选，你也许是对的。不如把你对我的意见保留到会议中期。到时我们再停下来评定，这是否是一场有效的会议。"

*小贴士

不要利用周密的防御措施来回应某个攻击。而是通过让反对者描述其反对理由，请他们协助找出解决办法的方式，让反对者对自己的观点负责。

3. 缺少权威

"你无权引导我！"

挑 战

- 发起人会要求参与者全力支持你，可一些参与者则会忽视这项要求；
- 人们表现出消极的肢体语言，如转过去背对着你；
- 参与者挑战你提出的流程建议或试图改变会议进行的方向；
- 人们谈论自己的级别、提到缺席的高管人员名字或努力让自己听起来很具有权威性，其目的就是威胁你和会上的其他人；
- 当你提出一个讨论中会应用的具体工具或时间安排时，团队成员会就你的提议开始和你争论。

真实情况

"我在这儿干什么？我应付不了这个级别的人！"

- 团队中可能有地位较高的成员，他们级别意识强，并且习惯了掌管一切；
- 参与者可能把你放到他们内部的等级中；
- 参与者可能认为你比他们等级低，所以他们没有理由要听你的指挥；
- 如果团队不熟悉你，你可能没有时间来建立你在团队中的可信度。

引导师陷阱

- 未能认识到，如果你显示出熟练的技能并能协助团队，团队就会给你所需的权力；
- 未能在会议开始时对自己所需的权力协商一致；
- 放任团队威胁你，破坏你的角色；
- 陷入具有挫败感的自我对话中，削弱你的自信心。

引导策略

- 利用积极的自我对话来保持冷静和自信；
- 阐明引导师的角色；
- 明确指出，引导师所具有的权力 全部是团队所赋予的；

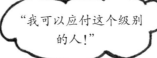

"我可以应付这个级别的人！"

- 指出会议上可能出现的各种问题和情况，请团队成员给 予你相应的具体权力：

  "想想所有可能让这次会议进展不顺的因素。如果出现讨论跑题或 分歧愈演愈烈的情况，你们想让我怎样做？如何确保我们听到了所有 人的想法？如果会议毫无进展，我应该说什么、做什么？"

- 让参与者为自己的权力标明界限：

  "我们当中有些人的地位较高。这可能会限制我们的讨论，威胁到 其他参会者。你能够做什么来将这种影响最小化？我们如何确保在这 个会议室内完全忽略职位等级和头衔？"

- 如果团队未能给予你所需的权力，那么直接向团队说明你需要他们做什么。 将你的需求写在活动挂图上。浏览你的需求列表，要求参与者承诺做到每 一点。将写有"同意做到"的贴纸贴到醒目的位置，让参与者对自己的承 诺负责。

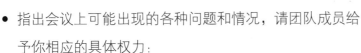

"为了确保会议的效率，我 需要……"

*小贴士

如果有机会，私下 和管理层反映团队抵触 被引导的倾向，直接要 求他们给予支持。

引导师需要……
— 我需要你们遵守我设计 的流程；
— 我需要随时指出流程中 出现的问题；
— 我需要能够指出跑题现 象；
— 我需要你们倾听并且接 受我的反馈；
— 如果你们陷入激烈地争 论或做出无效行为，我 需要随时进行干预。

4. 目标不清

"这是关于什么的？"

挑　战

- 议程中未清楚描述会议目标；
- 大家对会议目的存在困惑；
- 一些人认为议程与他们所理解的会议目的不符；
- 一些参会者认为，他们根本不应该参加这次会议。

"我本以为这次会议是关于新软件的。"　　"我本以为是关于预算问题的。"　　"我本以为是关于工作计划的"

真实情况

- 本次会议没有一个清楚描述的目的或目标；
- 会议开始前，没有告知会议议程；
- 参会者缺乏相关信息输入，来不及准备；
- 在会议即将开始时，临时追加会议议程；
- 有人怀疑自己是否确实需要参加本次会议；
- 应该参会的关键人员没有到场。

"浪费时间……让我们直接开始吧，看看会发生什么情况。"

引导师陷阱

- 忽视团队成员表达的忧虑；
- 拒绝任何表达疑惑的成员；
- 提前准备的议程与会议内容脱节；
- 鼓动大家就这样进行下去。

引导策略

"看起来好像有人对会议目标有疑惑。让我们来听听你们是怎么理解的。"

- 会议开始时，明确告知会议的总体目标，并且对会议议程中的每条内容都进行说明；
- 如果参与者提出有不明之处或有不同意见，组织团队成员进行关于会议目标的对话；
- 帮助团队确定清晰的会议目标，可以提出如下问题：

  "如果我们想要在今天的会议上取得显著成果，我们应该完成什么？"

- 如果团队提出了多个不同的目标，对每个目标加以澄清，并且就这些目标进行多重投票，确定优先目标以及每个主题所需的时间：

今天会议的目标	重要性*	所需时间*
明确项目参数		
分配角色和职责		
制定详细行动计划		

*投票标准：1=低，2=中，3=高

- 根据多重投票的结果重新调整议程；
- 排名靠后的各项内容作为以后议程的参考；
- 帮助团队确定出席人员名单，和议程不相关的人不必参加会议；
- 时刻保持警惕，防止一些成员有意将会议的关注点转移到他们所倾向的目标，并及时指出这种现象，可以说：

  "我注意到团队讨论已转移到搁置的内容上了。还是让我们关注正在讨论的话题吧。"

*小贴士
除非你在会议开始之前和每位团队成员都进行了面谈，否则不要认为每位成员都清楚本次会议的目的。

5. 内容超载

"这些我们都要讨论！"

挑　　战

- 会议内容严重"超载"；
- 团队成员制定的某些时间安排完全不现实；
- 会议议程上的某些安排，如共享备忘录和最新信息等，应该通过电子邮件或其他方式完成；
- 有些议程必须在其他项目完成之后才能进行。

引导师陷阱

- 没有为团队提供一个有效的会议框架；
- 对于内容严重超载未提出异议；
- 未能帮助团队确定会议的总体目标；
- 放任团队陷入超载议程，未进行优先排序；
- 对于某些议题，未能指出除了会议之外的其他更有效方式；
- 因为团队坚持要向前推进，就引导团队草率地制定不完善的决策；
- 每次会议结束后，未做离场调查或未定期进行会议有效性调查，无法推动团队进行相应的改进。

真实情况

- 团队成员时间压力大，以为需要在一次周例会上解决所有重大问题；
- 会议没有具体目标，无法判断某一内容是否需要优先处理；
- 可能存在这样一种模式：之前的会议上内容过多，就把一些内容放到下一次的议程中；
- 团队成员缺少经验，不清楚较复杂的讨论会持续多长时间；
- 议程上的某些项目更适合由"小"小组解决；
- 对于重要议题，流程过于草率而未得出解决方案，影响了团队的连续性和责任感。

"好吧，看看我们到哪儿了！"

干预策略

- 进行会前调查，明确以往的会议模式，找出对团队来说最重要的问题；
- 每次会议开始时都要有一个清晰的目标以及一系列具体的阶段目标，以明确团队想要在会议上完成的内容；
- 通过问关于议程内容的以下问题，协助团队成员有目的地制定规范，防止他们在会议议程上加入过多内容；

"看上去之前的会议议程内容过多。"

"我们来讨论一下：为什么会发生这种情况？如何确保不再发生？"

- 将会议议程上所有项目在活动挂图上列成两栏，确保每位成员都知道每个项目的内容，然后就这些项目进行多重投票、排序，确定所需时间的长短（长、中、短）；
- 确保团队保持正轨，按计划时间进行，将所有跑题的话题记录在"停车场"；
- 如果团队成员提出了新的话题，立即进行干预：

"我注意到你们提出了一个新话题，这个话题并没有在我们的会议议程安排中。我担心这将会对完成你们今天的目标产生影响。让我们暂时停止这个新话题，在会议结束时再判断它的重要性。"

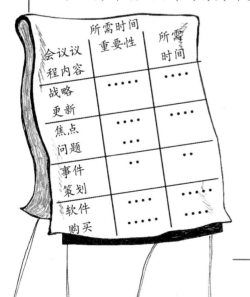

会议议程内容	所需时间重要性	所需时间
战略更新	•••••	••••
焦点问题	••••	••••
事件策划	•••	••
软件购买	••••	•••

*小贴士

会议内容超载是造成很多会议混乱的根本原因。优先排序帮助人们做好充分准备，确保正确的人参加会议。

6. 错误假设

"那是谁说的？"

挑 战

- 你刚介绍完会议目标和议程，大家就一脸茫然，并开始质疑议程；

- 大家对于基本事实有不同意见，并且开始进行争论；

- 会议过程中，你注意到很多人在闲聊、溜号；

- 人们看起来很迷茫、泄气；

- 会议讨论在兜圈子，得不出结论。

真实情况

"是谁告诉她，我们需要培训的？"

"难道她不知道我们已经培训过了吗？"

- 制定议程的依据——团队需求或现状的信息不准确；

- 在会议之前，某些重要信息未被公开；

- 有人故意提供误导性信息，以便控制整个会议议程；

- 你可能根据别人告诉你的某些情况，形成了对会议成果或某位成员的看法；

- 基本事实可能比较敏感，超过了团队成员的处理能力；

- 人们可能知道幕后情况，却不愿意公开对此进行讨论。

引导师陷阱

- 调查不充分；

- 所提问题错误，或访谈对象不恰当；

- 在会议开始时未能对假设进行检验；

- 未能注意到肢体语言，或者没询问肢体语言的含义；

- 由于担心低效或失控，利用提前准备的议程推动团队；

- 缺少经验或技术，无法安全地挖掘出隐藏假设并鼓励大家将其浮现出来。

干预策略

- 扩大访谈范围，包括参会者之外的关键人员；
- 利用匿名调查获取更多的真实数据；
- 知道应该在面谈中提出的正确问题，以浮现假设。

  这些技术性问题有：
- 确定你的假设，并在会议开始时公开，如果能在会前沟通中公开效果会更好：

"在回顾会议议程之前，我先和大家分享几个关键假设。"

— 现有情况的历史
— 组织支持程度
— 放权等级
— 价值观、信仰和态度
— 团队凝聚力和信任水平
— 性格和政治
— 目标和期望结果
— 主动性、兴趣和心态
— 技能水平
— 角色和职责
— 时限和地点

- 如果团队成员不愿公开谈论，则让每位成员找一个搭档进行单独讨论，对你提出的假设有任何调整建议都可以提出；
- 如果团队的信任水平太低，不能伙伴分享，则将你的假设以调查问卷的形式贴在会议室一角；休息时，让人们对每条假设的正确性进行打分，分数范围为 1~5；对于分数较低的假设，你需要了解更多信息；
- 学习调查方法，在不威胁团队凝聚力的前提下，探究比较敏感的问题；这些方法包括"第三方问题"（其他人会说什么？）以及"魔法棒问题"（如果钱不是问题，那么理想状态是怎样的？）。

*小贴士
检验假设的最佳时机是在会议开始前。

7. 隐藏问题

"希望我们讨论的是真正的问题。"

挑　战

- 会议目标和确定的议程内容并不能代表团队所面临的问题；
- 重要的核心议题被忽略；
- 团队成员认为他们具有决策制定权，但事实并非如此；
- 一位团队成员突然抛出一个议程之外的话题；
- 在休息期间，人们无意中听到议程上有错误的内容。

真实情况

- 隐藏的问题可能对于公开讨论来说太过敏感；
- 团队成员可能缺少处理敏感问题的信任或技能；
- 管理层可能对团队参与某些特定话题的讨论抱有怀疑态度；
- 针对讨论的内容，可能已经暗中做出决定了，会议不过是个形式。

引导师陷阱

- 会议开始之前，未能进行一对一的面谈，没能确定隐藏的问题；
- 未能察觉障碍以制定克服策略；
- 针对具体的问题，未能明确团队制定决策的权力；
- 在抛出一个敏感话题之前，没有确定团队成员是否准备好处理这类问题；
- 未能为直面敏感问题创造安全的环境。

干预策略

- 与关键人员进行一对一面谈，找出敏感或隐藏的问题；

- 与管理层确认，哪些内容在团队的控制之内，哪些在控制之外；

- 明确每个议题相应的放权等级，确定每种情况下，团队是否：　➡

- 在会议开始时贴出对所有假设的总结，并征求团队的意见，哪些是正确的，哪些是错误的，还有哪些没有提到；

1. 被告知结果；
2. 被征求意见，但不做出决策；
3. 被要求讨论某个问题，做出详细的建议，但需征得管理层的同意；
4. 能够制定他们可以执行的决策。

请确定以下内容的程度……

1. 我们确实在取得有意义的进步。

1————2————3————4————5
没有　　　　　　　　　　　有

2. 我们正在处理正确的问题。

1————2————3————4————5

3. 我们能够坦诚和开放。

1————2————3————4————5

4. 我们准备好了，可以处理敏感的潜在问题。

1————2————3————4————5

- 如果没有人愿意说出隐藏的议程，则制作一份问卷，这样人们可以在会议中期时匿名完成此问卷；

- 如果调查问卷的结果显示确实有需要处理的敏感问题，则帮助团队成员制定特定规范，为讨论创造一个安全的环境，可以提出这样的问题：

"为了我们能安全、有效率地讨论这个问题，我们需要什么保证、条件或规则？"

*小贴士

安全地找出隐藏的问题并且有效地解决它们，需要一定的前提条件，了解到这一点非常关键。

8. 抵触情绪

"对我有什么好处？"

挑 战

- 在你介绍会议主题时，你注意到大家表情厌烦、东张西望、双臂交叉；

- 大家摇头晃脑、面面相觑；

- 当你要求积极参与时，得到的却是沉默；

- 如果参会者开始说话了，他们会说，"我没时间做这个！这真是浪费时间！最后不会有什么结果的！"

真实情况

- 大家负担过重，没有能力再承担更多的职责了；

- 大家可能看不到任何积极的成果，感觉自己在承担额外的工作；

- 环境中可能充斥着愤愤不平和互不信任的气氛，原因是过去的主动付出没有得到足够的支持，或者根本没有实施；

- 大家可能怀疑这又是一个作秀项目；

- 管理层可能成了团队的对立面，而你被视为代理人；

- 某些参与者缺乏主动性，还在暗中破坏任何主动的行为。

"这是个非常好的项目。给它一个机会。你会从中收获很多。而且，这是已经决定的事情了！"

引导师陷阱

- 忽略消极的肢体语言，只是继续推进；

- 依靠幽默来提升大家的感受；

- 把团队做得好的地方都指出来，借此"煽动"大家的主动性；

- 用团队精神给参与者打气，鼓动他们试一试；

- 自我防御，以消极对消极；

- 依赖职业资格；

- 提到与管理层的关系；

- 让大家觉得一切都不容协商，无法逆转。

干预策略

- 如果人们表现出消极的肢体语言，说出你所看到的情况。让人们觉得表达自己的消极态度是很正常的：

- "我注意到一些人将胳膊交叉在胸前，露出担忧的表情。我们需要知道大家心里在想什么。请告诉我们这种动作和表情的意思是什么？"

- 尊重并且倾听人们表达的担忧，阐述其要点；

- 如果察觉到潜在的抵触情绪，可以通过贴出"抵触量表"将其移除，让每个人暗自做出选择，告诉大家，不必公布自己的结果。

对于这次会议/积极主动，你处于什么位置？				
1_____	2_____	3_____	4_____	5
完全不在状态	有些不在状态	处于中间	大部分都在状态中	完全在状态

- 在人们暗自确定自己的位置之后，提出一个问题：

  "什么样的活动成果会让你达到 5 分的位置？你需要什么样的条件？你需要什么样的支持或保证？"

- 为了鼓励人们踊跃发言，让每个人都找一位搭档，以便让他们毫无顾虑地说出让自己继续向前的条件；

- 在活动挂图上记录所有的期望结果、条件、保证和支持——在这一点上注意不要排除看起来不切实际的想法；

- 在讨论结束之后，浏览所有保持前进的条件；在浏览过程中，让团队成员来评价每项条件的可行性；

- 如果提升参与度的条件比较复杂，可以邀请一位高管参与进来，针对这些议题，你需要在问题深度解决和行动计划讨论方面进行引导；

- 建立一个持续的机制，如"入场调查表"，在未来的每次会议开始时都要进行，通过这种方式，团队可以监控提升参与度的条件已达到什么程度。

> *小贴士
> 处理抵触情绪的唯一有效方法就是承认这种情绪，然后组织团队成员思考克服它的各种策略。

9. 抵触流程

"不要限制我们！"

挑　　战

- 团队拒绝所有提供会议框架的尝试；
- 有时，你一提出关于流程的建议，他们就反对；
- 还有些时候，他们开始时是遵守你的建议的，但很快又随心所欲地使用他们习惯的方法了；
- 参与者认为他们的思维流程很复杂，需要一个特定的方法。

真实情况

- 团队不习惯使用结构化的方法；
- 某些特定的参与者可能感觉自己被迫放弃控制权；
- 在乱糟糟的会议模式中成长起来的参与者会觉得你束缚了他们的手脚；

"我们是顺其自然的人！"

"我们最喜欢让观点自由流淌！"

"流程让我们变慢了。"

- 有些人可能会利用混乱来逃避制定决策或承担责任；
- 有些人参加会议的目的就是要强制灌输自己的观点，迫使他人放弃他们的想法，这些人不喜欢遵循结构，即使这种结构会让他们全方面地看问题或专心倾听他人的观点；
- 一些经理和高管人员经常会认为自己的地位在引导师之上，只希望你遵从他们的安排，充当类似记录员的角色。

"好吧，这是他们的会议！"

引导师陷阱

- 在没有任何框架的情况下进行讨论；
- 对于兜圈子或跑题的对话袖手旁观；
- 被动地接受"记录员"的角色；
- 未能提供反馈或干预；
- 未能坚持需要清晰的流程。

干预策略

- 明确引导师并不是被动的记录员，阐明引导师的角色和权力；

- 意识到客户对于使用他们觉得"不自然"的技术存在担忧，可以说：

    "大多数的团队都不喜欢做'重口味'的事情，引导师也不例外。"

- 争取机会，进行正确的引导。可以说：

    "请你们先按照这个流程去做，然后我们会停下来，评估这个流程是否让大家觉得不自然或受限制。"

- 在参与者脱离研讨框架时，立即给予反馈：

    "我注意到你们转换了话题，但之前讨论的内容并未结束。"

- 为恢复团队的效率，必要时提供流程方面的建议：

    "在你们进入下一步之前，我建议你们先结束之前的讨论内容，并明确详细的行动步骤。"

- 如果参与者都很配合，定时提醒他们，对于他们使用结构化的研讨方法，你很关注：

    "让我们停一下，看看事情进展如何。我们有进步吗？结构化方法有效果吗？"

- 如果团队坚持以无结构的方式进行，向他们指出这一点，并明确说明：在此情况下，你不再是引导师；但如果他们同意使用结构话方法，你愿意再次回到原来的角色。

"你们好像只需要我做记录。我可以承担记录的工作，但我需要指出，这样我就是不再做引导工作了。如果你需要，我很乐意做回引导。"

*小贴士

有时，团队就是要考验你是否能够坚持立场。如果你认输，就是为失去团队信任创造了条件。

10. 缺少规范

"我们不需要规则！"

挑　战

- 团队在运行的过程中没有任何明确的规范或规则；
- 人们坚持认为他们没有时间制定规则；
- 在要求团队成员制定规则时，他们会反对，并且说:

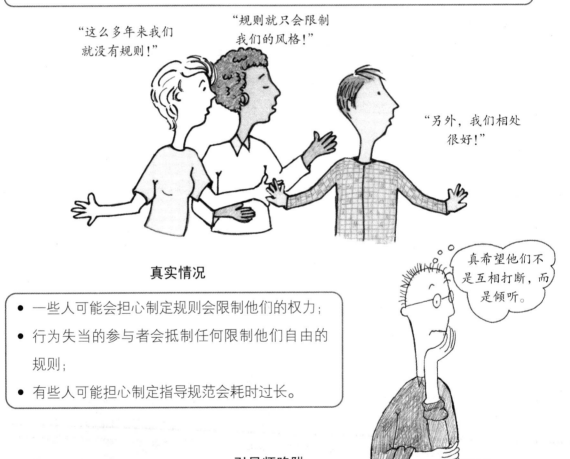

"这么多年来我们就没有规则！"

"规则就只会限制我们的风格！"

"另外，我们相处很好！"

真希望他们不是互相打断，而是倾听。

真实情况

- 一些人可能会担心制定规则会限制他们的权力；
- 行为失当的参与者会抵制任何限制他们自由的规则；
- 有些人可能担心制定指导规范会耗时过长。

引导师陷阱

- 试图引导那些明显缺少必要的行为规范的团队；
- 未能利用出现失当情况的机会及时给予反馈，要求参与者制定相应的规范；
- 屈从于团队认为不需要规范的主张。

干预策略

- 立场坚定，坚持以下观点：制定一套会议规范或规则是进行有效会议的前提；

- 组织每位成员都参与到关于规则的讨论中，在制定主要规则时让每位成员都能有所贡献，并将其贴到显眼的位置；

- 如果团队成员无法提供关于规则的建议，则贴出 2~5 个具体的规则问题，如下所示；让每位成员找一名搭档，给出 3~5 分钟的时间，要求每组制定会议规则，然后收集各组的答案并做记录；

- 如果你的上述努力没起作用，则为团队提供一套基本的规则；浏览这些规则，征得成员的认可；将这些得到肯定的规则贴到醒目的位置。

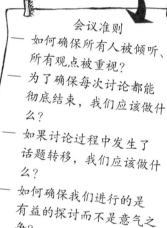

"既然你们想不出任何规则，那我就为你们提供一些，征得你们的认可，同意在这次会议中遵守。欢迎大家提出补充，以改进这个列表。"

会议准则
— 如何确保所有人被倾听、所有观点被重视？
— 为了确保每次讨论都能彻底结束，我们应该做什么？
— 如果讨论过程中发生了话题转移，我们应该做什么？
— 如何确保我们进行的是有益的探讨而不是意气之争？

会议准则
— 认真倾听
— 尊重所有观点
— 全情投入
— 遵守时间
— 围绕主题
— 保密原则

- 利用失当情况作为机会，有目的地制定规则。例如：

"我注意到，刚才几位发言者多次重复他们的观点。我认为，这可能意味着大家在阐述自己观点时，感觉其他人没有认真倾听。我们需要在会议准则中加入什么规则，才能确保大家认真倾听？"

*小贴士
谨记你要在内容方面保持中立，而不是在流程上中立，所以恰当的做法是指导团队制定和使用规则。

11. 忽视规范

"呀，那些规则！"

"什么规则？"　　　　"呀，那些规则！"　　　　"我们刚才忘了！"

挑　战

- 团队有自己的规则，但是他们很少贴出这些规则，参与者也经常忽视这些规则；
- 当问到为什么要忽视这些规则时，大家回应说，他们太忙了，没有时间关注。

真实情况

我猜他们并不需要规则。

- 团队有自己的规则，但却习惯性地忽视它们；他们不贴出、不提到也不回顾团队规则；
- 缺少团队有效性或会议有效性方面的技能培训；
- 团队可能已确定了某些行为模式，有些成员不想放弃以往的模式。

引导师陷阱

- 纵容参与者继续忽视团队规则；
- 对于失常行为视而不见。

干预策略

- 确定最容易被参与者忽视或违反的规则；

- 将这些内容转换成调查问卷，让团队成员在休息时对每个项目进行打分；这一调查也可以在会议开始时作为入场调查；（注意：如果团队信任度较低，不适合公开进行此项活动，则制作纸质的问卷调查，将结果制成表格，作为后期反馈。）

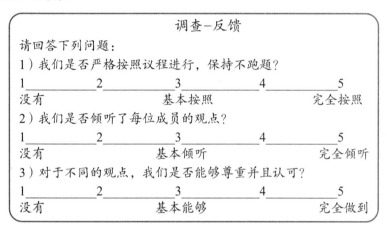

> **调查–反馈**
>
> 请回答下列问题：
>
> 1）我们是否严格按照议程进行，保持不跑题？
>
> 1————————2————————3————————4————————5
> 没有　　　　　　　　　　基本按照　　　　　　　　完全按照
>
> 2）我们是否倾听了每位成员的观点？
>
> 1————————2————————3————————4————————5
> 没有　　　　　　　　　　基本倾听　　　　　　　　完全倾听
>
> 3）对于不同的观点，我们是否能够尊重并且认可？
>
> 1————————2————————3————————4————————5
> 没有　　　　　　　　　　基本能够　　　　　　　　完全做到

- 在每位成员回答所有问题之后，利用"调查–反馈"的方法引导一次讨论，注意每次只聚焦于一个调查问题：

为什么这项内容得到这样的分数？	如何提高团队对每项内容的打分？
1 ⟶	
2 ⟶	
3 ⟶	

- 如果没有成员主动发言，则要求每位参与者找一名搭档来讨论这些结果，然后引导一次讨论，收集所有想法；

- 右侧一栏中所填内容可以是行动步骤，也可以是新的规则；为团队规则增加新的内容，并确保将它们贴在醒目的位置，直至会议结束。

> *小贴士
> 要有坚定的立场：如果一个团队没有发布并遵守一套明确的规范，就无法引导。

12. 过度参与

"此外还有……"

"我还有几个重点!"

挑　战

- 参与者无法控制自己的展示时间;
- 人们提供了一些当前不需要的或不适当的细节;
- 团队成员对别人想听什么毫不关心。

引导师陷阱

- 未与团队其他成员确认,就决定他们需要听什么;
- 未能制定发言规则;
- 对于发言过多者未进行干预,允许其超出预定时间;
- 使用过激或评判性的语言干预;
- 在要求发言过多者精简内容时,态度不坚定。

真实情况

- 有人会自我膨胀,夸大自己的重要性;
- 有人就喜欢自说自话;
- 行为失当的谈话者常对别人需要听什么毫不关心;
- 讲话过多的人可能想得到更多关注或获得控制权。

"我想,你是否要快点结束?"

"好,我讲完最后一点就行。"

干预策略

- 帮助团队为每次展示制定明确的时限；

- 指定一位团队成员作为计时员，提醒每个阶段所用的时间；

- 帮助团队成员为每次呈现规定要求：

    "在展示开始前，让我们讨论一下大家所需要的讲话细节和讲话者需要回答的一些具体问题。"

- 如果你预测可能会出现单个成员讲话时间过长的情况，那么在会议开始时，就要求团队有目的地建立规范：

    "我们今天的会议安排很紧。为保证严格遵守时间安排，我们需要做出什么承诺？"

- 通过提供反馈，帮助讲话时间过长的人改正自己的行为：

    "你已经给出很多执行方面的细节了，但却没有对项目目标进行概括。请重新调整你展示的核心内容，让它符合我们之前制定的指导方针。"

> ***小贴士**
> 控制时间这一看似无关紧要的问题，可能是造成会议无效的主要原因。不要忽视，做好准备，一旦发生这种情况，就立即采取行动！

- 如果讲话时间过长的成员不进行自我控制，制止他，并和团队其他成员确认：

    "先打断你一下，我要和团队其他成员进行确认，现在是否要听你的更多内容。"

- 在团队成员超时的时候，一定要态度坚决地指出，并且清楚说明你想要他们做什么：

    "现在你已超时五分钟。我担心其他成员没有时间做展示。请做最后总结。"

- 如果以上干预没有收到任何效果，那么就将讲话时间过长的成员带到一边，鼓励他们在后面的会议中负起责任，以此进行反馈：

    "在今天的会议上，虽然我两次要求你快速结束，但你的展示还是进行了 20 多分钟。你的行为导致会议无法按原计划进行。我需要你承诺，在以后的会议中不会再发生这种情况了。"

13. 参与不足

"我没有任何要补充的！"

我从来没有
好主意！

我可不想被
笑话！

我什么都没
和她说！

挑　战

- 一些人滔滔不绝，一些人则沉默不语；

- 当问到他是否有什么想法时，参与者拒绝发言；

- 有时，整个团队都置身事外，一言不发。

真实情况

- 有的人不喜欢参加会议，更不用说参与讨论了；

- 有的人对自己的想法没有把握；

- 还有的人可能觉得没人会听自己的想法，甚至担心自己因所说的内容受到指责；

- 参与者可能担心在同事或上级面前说了不恰当的话；

- 有的人担心参加展示、角色扮演等活动时会感到尴尬；

- 高管的出席可能给参与者带来压力，导致他们"停摆"；

- 过分活跃的成员可能会挤占比较内敛的成员的说话机会。

引导师陷阱

- 在会议开始前没能发现与会人员是否有可能不愿参与；

- 未能及时了解：特定的人出席会议是否会给其他人的参与造成负面影响；

- 以为没说话的人就不会再补充什么内容了；

- 从头至尾都采用大组讨论；

- 没有为会议制定相应的规范，不能创造安全、舒适的会议环境；

- 讨论中只有参与度高的人在发言；

- 忘记邀请一直保持安静的成员加入讨论之中。

干预策略

- 与参与者进行一对一的面谈，以建立良好的关系，确定参与者在团队中或在领导面前是否能够公开谈论自己的想法；

"让我告诉你，今天的会议上我们期待什么。"

- 对高管人员进行培训，让他们学会以问题和建议的形式来表达自己的意见；并且，要求他们在最后才发表自己的意见，避免在中途发表意见而影响其他成员的参与；

- 在会议开始时，为参与者营造轻松的氛围，向他们保证：不会强制大家做让他们觉得尴尬的事情；

- 设计会议时，使用的技术要以创造安全的环境和吸引全员参与为中心，其中包括：在向团队表明个人想法之前，让他们先与自己的搭档沟通；在讨论时将团队分成各个小组；利用卡纸收集不同想法；在会议室不同位置放多个活动挂图，让成员将自己的想法写在上面；

- 帮助团队有目的地制定规范，鼓励大家公开参与，可以向他们提出以下问题：

- 与参与过少的成员保持眼神交流，通过这种方式，让他们感受到自己仍被关注，并且随时可以发表自己的观点；

- 对于一直比较安静的成员，直接点他们的名字，特别是当他们的肢体语言表明他们想发言时候；

- 为比较内敛的成员分配无任何威胁性的角色，如计时员，让他们觉得自己在这个会议上是有价值的；鼓励参与度低的成员，感谢他们的参与。

— 如何保证每位成员都能参与到会议中，避免"一言堂"？

— 为了鼓励大家自由发表，需要什么条件？

— 如何避免"长篇大论"，保证每个人都有发言的机会？

*小贴士
引导师总是需要获得团队里每位参与者的投入，这样可以确保最终决定得到所有参与者的全力支持。

14. 立场之争

"我对，你错！"

挑　战

- 参与者强烈支持某种观点，然后就很激动地和对方争辩，想要证明对方是错误的；
- 大家都在说服对方，没有倾听对方的观点；
- 参与者陷入情绪化，将观点的细微差别上升为原则之争；
- 一些团队形成固定模式，对任何话题都会形成两极分化。

真实情况

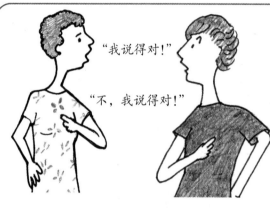

"我说得对！"

"不，我说得对！"

- 讨论不是以整体情况和头脑风暴开始，而是每个人都在宣扬自己的解决方案；
- 参与者只关注自己的观点，没有真正倾听和理解别人的任何观点；

- 团队成员可能没有意识到自己的这种坏习惯；
- 团队缺少处理情绪化争论的规范；
- 团队可能缺少人际关系处理和团队决策制定的技能；
- 在理论或技术性强的圈子里，喜欢分析的参与者可能会没完没了地争论，只是为了证明一个理论观点。

引导师陷阱

- 未提供流程以减少冲突、降低分化，允许参与者强化立场。
- 允许参与者彼此说服或高度情绪化；
- 未能给团队提供制定决策的技能；
- 未能进行语言干预以调整失当的争论；
- 用词不坚定，如"如果你们能互相倾听就好了"。

干预策略

- 提出具体问题，帮助团队有目的地制定管理冲突的规范：

- 提供积极倾听和准确阐述方面的技能培训，以提高研讨效率；

- 如果预测到会议上可能有激烈争论的局面，则在开始时就为自己争取更多权力，可以提出以下问题：

  "如果在今天的会议上讨论变成争论，我可以说什么或做什么？"

> 为了确保参与者互相倾听并了解彼此的观点，我们应该做什么？
>
> 如果参与者开始变得情绪化，我们应该怎么做？
>
> 在讨论各种观点的不同之处时，什么样的语言是适当的/不适当的？

- 可能的话，将两极分化的冲突转化成一个问题或一个需求；然后利用问题解决方法让参与者一起合作，分析当前情况，通过头脑风暴制定解决方案；

- 如果你无法避免团队针对两种解决方案进行的争辩，那么就利用结构化的方法，如"多维决策矩阵"或"优劣势分析"等，这些方法可以为争辩带来客观性和平衡性；

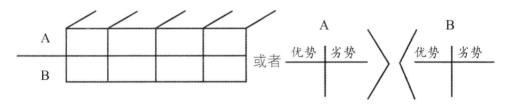

- 在整个讨论中，如果爆发无效的争论，及时进行坚定、清晰的语言干预。利用语言干预三步法模型：

> *小贴士
> 在两极分化的讨论中，人们会表现出失当行为，但是当你提供更多的结构和更坚定的引导后，那些失当行为便会消失。

> 1. "我注意到大家正在相互争论；
> 2. 我担心你们没有听到彼此的观点；
> 3. 从现在开始，不要反击，直到你总结出对方的要点。"

15. 乱开玩笑

"我是不是很逗？"

挑　　战

- 某位参与者在会议上嬉皮笑脸；

- 不管话题有多严肃，这位成员都会说俏皮话；

- 团队成员听到后，大笑着回应，而这又助长了不严肃的气氛；

- 虽然适当的幽默有助于营造融洽的氛围，但一味搞笑的人却不懂得适可而止；

- 如果这种搞笑的人不接受会议目标，那他会拿会议流程甚至引导师开玩笑：

"我以为是要去野餐，所以才穿成这样！看来你也以为是去野餐啊！"

"你可真逗，搞得我很难堪！"

真实情况

- 有人以"搞笑者"自居，这是他们做惯了的角色；

- 其实这些人是在借搞笑的方式掩饰自己的不安或被排斥的感觉；

- 如果搞笑者感到不满，那么幽默就会变成挖苦，破坏团队信任；

- 搞笑者经常利用幽默来试探权威人物，就像他们过去在学校试探老师一样；

- 不适当的幽默通常就是一种权力游戏，以故意打断团队进程的方式，使团队无法聚焦。

引导师陷阱

- 任由搞笑者大肆破坏会议而不进行干预；

- 试图以更搞笑的方式和搞笑者竞争；

- 给搞笑者过多关注，结果助长了他的行为；

- 在面临困境需要准确干预的时候，反而让搞笑者插进来；

- 用评判性的语言或挑衅性的语气来制止搞笑者。

干预策略

- 对不恰当的幽默保持警惕；留意其他人是乐在其中还是不胜其烦；

- 对于最初的几次搞笑行为，报以耐心的微笑，特别是当这些行为无伤大雅，也不会影响会议的时候；

- 用中立的视角观察搞笑者，并让大家注意这种情况：

  "我注意到你很幽默，即使在讨论重要问题的时候。"

- 如果在过去的会议中，态度不严肃已经成为一个问题，就让团队制定针对性的规范加以避免：

- 如果搞笑者指出你是在针对他，那么就利用这个机会，让他承担相应的责任：

"你是在说我，对吗？"

"为了帮助大家聚焦话题，你可以做些什么？"

上次会议我们被过多的玩笑干扰；

如何保证今天的会议室，这种情况不再发生？

如何保证在营造轻松氛围的同时不跑题？

关于这一点，我们还需制定其他什么规则？

- 搞笑者不恰当地使用幽默时，可能会伤害到其他成员，无论何时发生这种情况，都要立即进行干预，让他们重新阐述之前所说的内容：

  "可以把幽默的成分去掉，再说一下自己的观点吗？"

- 使搞笑者卸下自己"武装"的另一种策略就是，在调整他们行为的时候，表达对他们的个人关心：

  "我担心，如果你在任何事情上都幽默，可能会屏蔽掉你的好点子。请用更中立的方式表达你的观点。"

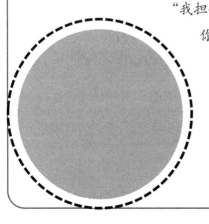

  - 如果这些策略收不到任何效果，将搞笑者带到一边，对其进行单独反馈：

    "我注意到，你经常使用幽默，不论时机是否恰当，有时还会取笑别人。这种做法对会议是一种干扰。我希望你注意自己使用幽默的方式，也控制使用幽默的频率。"

16. 窃窃私语

"嘘，嘘，嘘……"

"嘘，嘘，嘘……"

真实情况

- 除非是和同事快速分享意见，否则窃窃私语就是一种无礼的、不尊重他人的行为；
- 有的人是不自觉地窃窃私语；
- 有的人则误认为在没参与话题讨论时"开小会"没问题；
- 有的人自高自大，认为自己任何情况下都可以为所欲为；
- 窃窃私语通常反映出团队信任度低，大家不愿意公开谈论自己的观点；
- 有的人可能利用窃窃私语的方式来检验你管理会议的能力。

挑　战

- 人们都在和旁边的人闲聊，精力根本没有放在讨论上。
- 有的窃窃私语是短暂的、礼貌性的，但还有一些则很长，具有破坏性；
- 当讨论一个严肃或有争议的话题时，一些人会把自己的真实想法向旁边的人说，而不是和团队分享；
- 认真参与的人会对这些窃窃私语很恼怒，认为他们没有倾听；
- 有时候，窃窃私语会分散大家的注意力。

引导师陷阱

- 可能因为窃窃私语的人职位较高，所以就忽视了这种行为；
- 没有辨别出窃窃私语是否表明大家有疑问、分歧或其他潜在问题；
- 在团队不具备行为规范、会议准则，无法定义有效行为的情况下就举行会议；
- 使用带有评判性或挑衅性的语言进行干预以制止窃窃私语。

"我注意到，一些人已经对会议失去兴趣了！"

干预策略

- 帮助团队制定行为规范或会议准则，以控制窃窃私语现象；

- 如果窃窃私语成了一个问题，则提醒团队注意，并帮助团队制定相应的规范加以解决；

- 如果发现有人走神、窃窃私语，用以下方式干预，可以避免对方感到被冒犯：

  > "我担心你没有参与到讨论和决策中来。你的观点很有价值；我们需要你回到讨论中来。"

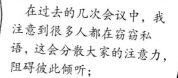

在过去的几次会议中，我注意到很多人都在窃窃私语，这会分散大家的注意力，阻碍彼此倾听；

为了保证在未来的会议中不再发生这种情况，我们应该做出怎样的承诺？

如果注意到有人在窃窃私语，每个人（包括我）该说什么？

- 如果某个话题的出现突然使所有成员都转向身边的人小声讨论，可以尝试做一个结构化的一对一讨论；要求每位成员找一名搭档，并且设定讨论时间；让每组成员不仅讨论这个话题的积极方面，也要看它的消极方面；让他们聚焦话题，小声讨论，然后把他们愿意分享的讨论内容尽量收集起来；如果你预计有可能没人主动发言，则先进行休息；在休息期间，让他们将自己的内容写在活动挂图上；浏览所有的内容，并整合到所讨论的话题中；

- 如果有人一直在窃窃私语，则将他们带到一边进行反馈：

  > "在今天的会议上，我注意到你们一直在窃窃私语。这会很分散大家的注意力。在后面的会议上，你们可以停下来吗？"

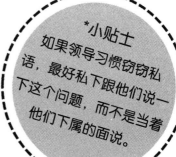

*小贴士
如果领导习惯窃窃私语，最好私下跟他们说一下这个问题，而不是当着他们下属的面说。

17. 跑题现象

"另一方面……"

挑　　战

- 一个话题没结束，就跳到另一个话题;
- 忽视议程，甚至抛开议程;
- 团队中某些成员总是谈论无关话题;
- 会议结束时大家觉得还没讨论完，有挫败感。

又来了!

"占用你几分钟的时间，让我来跟你讲讲上周我参加的会议。"

真实情况

- 团队每次都要处理过多议题，只好在议题之间迅速转换;
- 参与者可能缺少有效的会议技能;
- 团队可能缺少关于预防跑题的具体规范;
- 即使确有规范，团队也可能不遵守;
- 一些人通过跑题来获取关注、控制研讨;
- 跑题现象有时是某些成员的权力游戏，他们想要使会议的焦点转移到自己喜欢的议题上。

引导师陷阱

- 允许跑题现象继续，没有检查现在所讨论的话题是否符合团队目标;
- 随波逐流，对每个跑题讨论都进行引导;
- 没有制定具体规范加以约束，放任团队跑题;
- 没有指出上一话题尚未结束，允许团队进入另一个话题;
- 自认为团队跑题的情况能自行结束。

但愿他们别一直跑题!

干预策略

- 提供高效会议方面的培训；
- 每当发生跑题现象时，立即提醒团队注意，这样参与者就可以决定是否应该继续新话题：

  "我注意到，你们刚刚转移到了一个新的话题上，但这个话题并不属于议程的内容。我担心这会占用讨论其他内容的时间。你们是想继续这个话题，还是暂停对它的讨论？"

- 做一个"停车场"挂图，将它贴到墙上，用来记录和会议无关的话题。

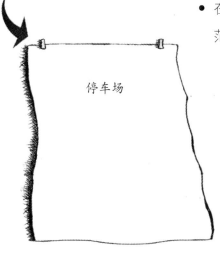

停车场

- 在会议开始时，帮助团队制定针对性的规范，以解决跑题现象，可以提出以下问题：

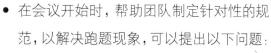

在今天的会议上，如何保证不从一个话题跳跃到另一个话题？

当注意到有跑题现象时，我们应该做什么？

如何确定一个话题已经结束，可以转入另一个话题了？

话题结束的标准包含哪些方面？

- 通过以下问题为自己争取更多的权力：

"如果我注意到会议出了跑题现象，我应该说么或做什么？"

*小贴士

注意，不要让"是否停止跑题"本身变成一个跑题讨论！一定要对流程的讨论设定时间限制。

18. 阻挠现象

"我就是不支持这个决定。"

"让我同意？没门！"

挑　　战

- 每当有一个观点出来，有人连具体内容都没听完，就说"是的，但是……"，这就是阻挠现象；
- 经常有人在讨论确定了一个观点之后马上就说不支持；
- 阻挠者善于发现"行不通"，对于如何"行得通"却乏善可陈。

真实情况

- 对于一贯消极和负面的人来说，阻挠有时是一种无意识行为；
- 有意识地进行阻挠可能是某位成员的权力游戏，为了获得控制权或达到个人目的；
- 阻挠可能是某些成员获取关注的策略，因为他们有被团队排斥或拒绝的感觉；
- 阻挠者可能在讨价还价，他们会最终同意支持团队的想法，前提是必须认可他们的某个观点。

引导师陷阱

- 任由阻挠者使会议脱离正轨而不进行任何干预；
- 未能意识到，阻挠可能是团队信任度低、缺少凝聚力的表现；
- 未能及时给习惯性阻挠者有益的反馈；
- 对阻挠模式未加以警惕，特别是在团队结束某一话题遇到困难时。

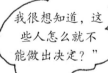

我很想知道，这些人怎么就不能做出决定？"

干预策略

- 针对阻挠问题，制定相应的规范，防患于未然，可以提出这样的问题：

- 如果团队未能针对阻挠问题制定相应的规范，那么就有必要向成员提供这一系列规范：

> 如何保证每个观点都得到充分的倾听？
>
> 如对某一观点有反对意见，该如何提出？

> 为了避免在会议中出现阻挠的情况，我们可以：
>
> 自我监督，注意自己是否未认真倾听内容或未加思考就否定了一个观点；
>
> 鼓励彼此倾听，对其他建议和新的观点保持开放的态度；
>
> 适当妥协，充分包容，支持团队。

- 在出现阻挠情况时，利用"三步法"进行口头干预，及时提供反馈：

> "我注意到，在没有经过讨论的情况下就否定了前三个观点。我担心你会错失一些优秀的观点。请仔细倾听、认真探讨，再做出结论。"

- 与阻挠者进行探讨，发现他们否定某个观点的具体原因，并为团队提供替代方案；

- 利用力场分析，让阻挠者全面认识某个观点，既看到其劣势，也看到其优势；

- 与阻挠者进行一对一的面谈，指导他们的行为。

*小贴士
要让阻挠者知道，你了解他们的手段，并会果断处理阻挠现象！

19. 遗留冲突

"这是翻旧账！"

挑   战

- 整场会议中，两位或多位成员给出的意见都带有情绪，并且和当前所讨论的内容无关；

- 彼此都不会支持对方的观点；

- 对对方的意见都是冷嘲热讽；

- 未能直接提出冲突的核心问题；

- 其他团队成员可能开始"站队"，造成团队两极分化；

- 在会议之外，双方都为自己争取其他支持者。

"又来了！"

"你早说啊！"

真实情况

- 在两位或多位成员中存在未解决的遗留问题，这些问题在会议上爆发；

- 团队的信任水平和凝聚力受到打击；

- 紧张气氛使团队难以有效运行；

- 参与者可能缺少解决敏感分歧问题的能力。

引导师陷阱

- 对于遗留的冲突问题影响团队氛围的情况，不采取任何行动解决；

- 与一方单独见面，倾听对方的担忧，但却没有和另一方见面；

- 让双方都认为你同意他们的想法；

- 无意识地偏袒某一方，如给一方更长的时间阐述观点，或进行更多的眼神交流；

- 主动为双方解决问题，告诉他们应该做什么、如何做，结果失去中立的态度；

- 不顾团队解决冲突的能力不足、信任度低的实际情况，仍然将冲突公开化。

干预策略

- 向上级申请权限，在冲突发生时有权进行调解或要求双方达成一致；

- 如果双方不愿意见面，则告知他们，不允许他们在会议上继续散播分歧，明确表明，他们只有同你会面，才能避免分歧公开化，从而得到解决；

- 单独和每方进行面谈，公平地了解分歧的本质，一定要强调你不会偏袒一方；

- 引导双方进行一次单独的会议，并强调以下规则：

1. 双方各派一名代表来介绍对当前情况的看法；
2. 在此过程中，对方人员不能说话，只能提问，倾听者要记录对方的观点；
3. 由一个人先说，说完后，第二个人对所听到的内容进行总结；
4. 如果第一个人认为对方准确倾听了自己所说的内容，则重复以上流程；
5. 对任何观点都不得打断或争论；
6. 每个人都要保持中立的肢体语言；
7. 如果出现违反规则的情况，引导师有权暂停此过程；
8. 在双方都认为对方已听完自己的观点之后，会有一个休息环节，在休息期间，每一方都要回答以下两个问题：
   "要让我们不再纠结这件事，我对你的需求是……"
   "作为回应，我会给予……"
9. 双方再次聚集在一起，告诉彼此的需求和给予，并且做出承诺；
10. 所有对话都会经过严格保密，不会与其他团队成员分享。

- 六到八周之后，对此进行后续跟进，在这个过程中，双方都要对对方是否履行自己的承诺进行打分评价；

- 对于会议相关内容，会后定期为双方提供反馈。

*小贴士
遗留的严重冲突最好在私下解决，因为保护隐私会鼓励参与者更加坦诚、包容。

20. 愤世嫉俗

"何必！"

"这没用！"

"什么都不会变！"

"又在作秀！"

挑　　战

- 每个观点都得到负面的反应；
- 参与者不愿意谈论不同的做事方式；
- 在会议上，参与者焦虑不安、心烦意乱，并将这一切归罪于工作压力；
- 团队觉得每个活动都别有用心、动机险恶。

真实情况

- 参与者可能因为之前失败或未得到支持的事情而心怀怨愤；
- 参与者可能心态不平衡，觉得自己干得多、拿得少；
- 参与者可能对上级抱有"不满、对立"的态度。

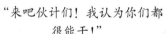

"来吧伙计们！我认为你们都很能干！"

引导师陷阱

- 忽略这些带有不满情绪的意见，就这样跳到下一个议程；
- 对这种情绪进行指责；
- 连哄带劝，想让参与者变得积极起来；
- 用搞笑、啦啦队的方式应对这种情况。

干预策略

- 确认这种情绪是否影响了团队前景；询问参与者产生这种负面情绪的原因是什么：

  > "我要和你们确认一下，我感觉你们中很多人对事情都有一种不满的观点。对吗？告诉我这种情绪是如何产生的。"

- 以中立的态度记录所有的回答，然后询问参与者，哪些因素是在他们的控制范围内，哪些在他们的控制范围外；

- 对于在团队控制范围内的因素，引导讨论以确定应对策略；对于在团队控制范围外的因素，则制定能够影响这些因素的策略：

我们为什么不满	可以做的事情
缺少上级的信息	要求见管理层的联系人
在项目中，缺少电脑	撰写技术需求报告

- 组织团队制定相应的规范，争取在出现不满情绪之前就采取措施；

- 如果出现个别的不满情况，那么可以利用"三步法"进行口头干预，对其及时做出反馈：

  > "我注意到，前两个观点很快就被否定了。我担心你们可能没有给这几个提议机会。请你们用一个更开放的态度，再次听听这些观点，既关注其劣势，也看到其优势。"

> 在今天的会议上，为保持一个积极、开放的态度，我们可以做什么？
>
> 如果我们发现自己出现消极情绪，我们应该做什么？

*小贴士
克服不满情绪的唯一方法，就是指出这种情绪，并组织团队成员找到调节团队氛围的策略。

21. 讽刺挖苦

"只有你才干得出来！"

挑　战

- 团队中有的人对每项提议都做负面评论；

- 还有的人则任何时候都说话刻薄；

- 你注意到一些消极姿态，如耸肩、没有眼神交流、挑衅的手势等；

- 参与者互相诋毁、贬低、影射；

- 参与者并没有直接发作，而是不易觉察地利用语气或肢体语言传达自己的愤怒情绪。

"又来了！又一个好主意！"

"我就知道，我们就靠你了！"

"别，别！大家都友好一些！"

真实情况

- 表面上很平静，实际上潜藏的人际冲突随时可能爆发；

- 尖刻的人常把过去生活或工作中的不满转化为愤怒；

- 参与者可能缺乏人际交往技巧；

- 团队可能进入了一个不恰当行为的模式；

- 团队成员彼此缺乏尊重和信任；

- 团队可能缺乏规范以鼓励有效行为。

引导师陷阱

- 任由成员做出讽刺性的评论而不进行干预；

- 未能创造一个可以将未解决问题拿出来讨论的安全环境；

- 请求参与者合作时，态度不够坚决。

干预策略

- 在会议之外，单独与各位成员进行面谈，确定相关方之间的遗留问题是否需要私下调解；
- 提供会议有效性方面的培训；
- 帮助团队制定相应的规范，消除讽刺性语言，可以提出以下问题：

> 我们应该如何表示对别人及其观点的尊重？
>
> 关于说话的方式，我们可以做出什么承诺？
>
> 如果有人认为刻薄的语气破坏了团队气氛，他们应该如何表达？

- 让参与者了解到，不管何时，只要他们语气里带有讽刺，都是违反团队规范的行为：

  "记住你们制定的这些规则，使用积极的语言并且互相尊重。"

- 利用口头干预的方式调整刻薄的说话方式，可以说：

  "萨莉，我担心你说话的语气会让大家拒绝倾听你的精彩观点。请用更中立的语言重述你的观点。"

- 将讽刺性语言这一问题进行问卷调查，获得团队反馈，制定新的规范，改善成员间的互动。

---

*小贴士

讽刺是一种有意挑衅的行为，破坏人际关系。必须在它出现时及时处理。

尊重他人、运用积极的说话方式，关于这一点我们做得如何？

1＿＿＿＿2＿＿＿＿3＿＿＿＿4＿＿＿＿5
从不　　　　　　有时　　　　　　总是

说话语气中带有多少讽刺情绪？

1＿＿＿＿2＿＿＿＿3＿＿＿＿4＿＿＿＿5
从不　　　　　　有时　　　　　　总是

22. 停滞不前

"我们还在说那个？"

挑　　战

- 团队卡在某一个话题上，一直在兜圈子；
- 对结束话题的建议充耳不闻；
- 当要求团队往下进行时，他们坚持称他们无法继续，需要更多的数据或进行更多的讨论；
- 参与者不断重复自己的观点；
- 在讨论结束时，团队停留在原地，没有任何进展。

"我们需要更多数据！"　"我们需要更多点子！"　"我们还要再讨论讨论！"

真实情况

- 团队可能真的缺少数据；
- 有的团队过分依赖数据收集和分析；
- 团队成员可能陷入固有思维的框架而无法跳出；
- 部分参与者想将他们钟情的解决方案强加给整个团队；
- 个人不愿意为了团队进程而做出让步；
- 团队可能需要外部的输入或全新的视角。

引导师陷阱

- 未设定结束或暂停话题讨论的时间，问题如果未解决就一直讨论；
- 未能意识到参与者可能是在故意绕圈子，借此玩弄权力游戏，拖延时间；
- 未能给停滞不前的讨论提供恰当的框架；
- 允许参与者为自己的观点设置各种障碍，排除其他方案；
- 未能意识到一些团队已陷入数据收集和分析的泥潭中无法自拔。

干预策略

- 在团队出现停滞不前的趋势时，及时提供反馈，组织他们设定相应的规范，防止未来再次出现这样的情况：

  > "上次会议中，你们在一个话题上卡住了，结果无法继续向前推进，也未能做出决策。为了保证在今天的会议上不再发生同样的问题，我们要先谈论："

  > 为什么会停滞不前？这次该如何避免？
  >
  > 如果在今天的会议上讨论停滞不前，我们该说或做什么？

    - 为每个讨论设定合理的时间限制，指定一名参与者担任计时员；
    - 帮助团队确定所需数据的范围，鼓励参与者积极完成自己的任务；
    - 提供关于决策制定工具方面的培训，确定哪些决策需要达成共识，哪些可以委派给个人，哪些可以投票；
    - 如果参与者又陷入固有思维模式，则向团队介绍问题解决创新模型的关键步骤，鼓励他们创新思维；

- 如果团队需要新鲜观点，则鼓励参与者走出团队去收集相关信息，或对于特定的讨论邀请外部人士加入；
- 如果讨论主题过于发散，则引进一个流程工具，如"多维决策矩阵"或"多重投票"，以进行收敛；
- 如果参与者在两极分化的局面中停滞不前，则重构讨论；以当前的情况或需求开始，然后利用"头脑风暴"或"多维决策矩阵"，以达成共识；
- 只要讨论出现停滞不前的情况，就立即提供反馈，组织参与者制定改进策略：

> "我注意到你们停留在这个话题上很久了，该如何做才能有所进展？"

> ***小贴士**
> 如果团队有停滞不前的趋势，则组织成员制定相应的策略，推动团队前进。

23. 冲突爆发

"那就告诉你，我的真实感受！"

"你的观点在我看来毫无意义！"

"那都是因为你太消极！"

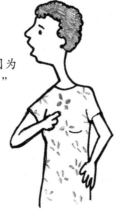

挑　战

- 压抑已久的紧张气氛突然爆发；
- 对话变成人身攻击；
- 有人变得情绪化，提高嗓门、大声争辩；
- 其他人则陷入尴尬的沉默；
- 团队关系被破坏，失去焦点。

真实情况

- 可能存在一个压抑了很久的问题；
- 团队成员可能缺少管理冲突的技能；
- 团队可能缺少给予和接收反馈的安全环境；
- 团队规范不存在或被完全忽视；
- 有的人发言情绪化，内容不聚焦、不客观；
- 参与者开始"站队"或完全退出，团队的凝聚力被破坏；
- 团队未来的运行能力被破坏。

"你们要互相友好，这一点很重要！"

引导师陷阱

- 参与者起争执时，自己却置身事外；
- 未能提供冲突解决框架；
- 认为休息一下就能解决问题；
- 对于敏感的讨论，未能制定清晰的规则和界限；
- 未能与团队确认，冲突要在会议中还是会议外解决；
- 在要求团队成员停止争执时，语气不够强硬。

干预策略

- 采取冷静、坚定的方式；

- 指出什么样的行为是可以接受的，什么样的行为是不可以接受的；

- 提出有关冲突本质的问题，确定它是否能够解决或是否需要私下解决；

- 如果冲突真的在其他成员面前爆发了，实施以下规则：

  "如果团队中出现了分歧，那么我需要指出，每次只能由一位成员对问题进行说明。这位说话者结束之后，下一位说话者要在阐述他的观点之前对对方的观点进行一个简单的总结。"

- 在整个交换观点的过程中，引导要果断，制止发言时不要犹豫，该打断就打断，如果他们的行为不恰当，则说：

  "我要求你现在停止，再来一遍；这次，请用更中立的方式来阐述你的观点。"

- 如果团队已经形成了一种持续争论的模式，则帮助团队制定相应的规范，可以提出以下问题：

  "争论会破坏你们之间的关系。我们如何在不破坏关系的前提下提出不同意见？我们需要制定什么样的规则？我们之间的说话方式应该是怎样的？还有其他什么指导方针可以帮助我们有效地解决意见不一致的问题？"

- 利用"力场分析"或"多维决策矩阵"等工具，为团队提供研讨框架，使其更加客观；

- 如果未解决的人际问题继续引起冲突，则进行同伴反馈，这样参与者就可以安全地说出自己的担忧，互相提供改进建议。

> *小贴士
> 团队冲突出现时，你要保持完全中立的态度，行动要果断，保证规则的制定和遵守。

你做的有效的事情……
如果要更有效，　还可以……

24. 突然离场

"我不想听!"

挑 战

- 会议似乎一切正常,这时有个人突然起身离开了;
- 他离开时可能会说点什么,也可能什么都不说;
- 团队其他成员感到很迷惑、不安;
- 现场气氛沉重,会议戛然而止。

真实情况

- 讨论可能触及了一个遗留问题或敏感话题;
- 一位或多位团队成员可能说了不恰当或无礼的话;
- 有人可能误解了他人的意见;
- 走出会议室的人可能感觉自己没有得到团队或领导的支持;
- 这位成员可能有严重的个人问题或情绪问题;
- 有人走出会议室可能是个人和团队之间重大冲突的前奏。

引导师陷阱

- 未能评估团队的历史,包括一些遗留问题;
- 低估了特定成员可能对某个话题的敏感度;
- 未能为潜在的敏感讨论制定安全的规范;
- 高估了团队的信任度和凝聚力,以为其足以支持团队公开讨论敏感话题;
- 未能合理界定引导师能够处理的分歧范围;
- 对问题一带而过,而不是让团队进行富有成效的讨论并持续推进。

"她走了,真是太糟糕了!好吧,我们还有很多内容,还是继续吧。"

干预策略

- 在会前进行面谈，发现敏感或遗留问题；
- 提前设计议程，与领导者和团队成员共同讨论，检查是否存在敏感问题；
- 如果复杂的讨论不可避免，则在会前进行的面谈中和参会者讨论相关规范问题；
- 也可以利用同样的问题开始某个可能很敏感的会议，这个对相关规范的讨论能够为会议营造一个安全的氛围；

> 一些人可能认为议程上的某个问题很难讨论。
>
> 参与者需要什么样的条件或保证，才能自如地进行讨论？
>
> 在讨论过程中，我们还需要遵守其他什么规则？
>
> 如果有人觉得不自在或受到人身攻击，他们可以说什么或做什么？

- 如果确实有参与者走出会议室，则表示理解这种行为，让大家发表意见，避免让大家对这位参与者做出负面的评价；

"我注意到有人很不安，让我们一起谈论一下：刚刚发生了什么？怎么才能让这位成员回来？"

- 如果团队成员对离开的人员无礼，那么他应该为自己不恰当的言辞向其道歉；

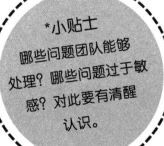

*小贴士
哪些问题团队能够处理？哪些问题过于敏感？对此要有清醒认识。

- 在休息期间或会议结束之后，联系走出会议室的那位成员，对其处境表示理解，表明团队非常希望他回去，并且询问这位成员回去的条件，并就其重返团队的问题，进行协商。

25. 逃避责任

"我不干！"

"我不会！"　"我太忙！"　"我不是干这个的！"

挑 战

- 团队刚确定出行动计划，参与者就开始找各种借口推脱责任；
- "老黄牛"型员工主动请缨，而有的人却逃避职责；
- 参与者把任务推给没来的人；
- 有的人坚持由你来执行实施工作。

真实情况

- 有的人可能缺少承担任务所需的技能；
- 有的人可能感觉自己已经超负荷工作了；
- 可能缺乏对额外努力加以认可、给予回报的机制；
- 团队可能缺少凝聚力，彼此间毫无责任感；
- 如果过去的某项任务没有得到组织支持，也没产生任何结果，参与者可能会谨慎行事；
- 有人可能因为私人恩怨而故意推卸责任。

引导师陷阱

- 允许参与者将任务推给缺席人员；
- 总是将任务分配给少数几个积极主动的人；
- 不指出、不解决承担责任的阻力；
- 允许参与者不进行后续跟进工作就结束会议；
- 允许团队将任务强加给你。

"好吧，我来做！"

干预策略

- 在项目或会议一开始时就告诉参与者，会有后续活动；
- 帮助团队制定相应规范，规定参与者必须承担实施的责任：

- 组织参与者进行讨论，讨论如何解决承担任务问题；
- 对技能需求进行评估，根据评估结果为参与者安排具体的培训，克服技能上的障碍；
- 形成教练关系，以使有经验的成员为新手提供支持；
- 寻求外援，消除体系障碍以提高积极性；如有可能，邀请高管为任务提供支持；
- 明确指出，执行实施工作不是你的角色职责：
- 采取"甘特图"等方法实施项目计划流程，帮助参与者追踪项目，建立责任措施；
- 提前浏览未来的议程，保证团队能够回顾过去的工作，让他们感觉到自己的工作受到了认可。

如果没有后续跟进环节，那么今天的工作就是白费；

我们该如何承诺以确保项目持续推进？

如何平等地分配任务，而不是都压在几个人身上？

"你要知道，我不会在这个项目里承担后续跟进工作。"

*小贴士
识别各项障碍、移除组织阻力、确保个体责任，这些都是至关重要的干预策略。

26. 失去权威

"你还跟得上吗？"

挑　　战

- 本来遵守流程、积极参与的成员变沉默了，并开始质疑你的方法；
- 你采用的流程没有产出任何结果，讨论似乎停滞不前；
- 参与者坐立不安，你察觉到他们对你的表现越来越失望；
- 有人甚至提议更换引导师。

真实情况

- 你可能已经失去了团队的信任；
- 你可能缺少处理所讨论内容的技能或经验；
- 你可能对当前情况做了错误的假设，并据此操作；
- 你可能准备不足，无法提出正确问题或提供有效的流程工具；
- 你引导会议的节奏可能不恰当；
- 你可能因为无法处理无效行为而失去了团队的尊重；
- 你可能无意中失去了中立的立场，如在记录时改变发言者的用词、对某一方的观点表现出偏向；
- 你可能不经意间跳出了中立的角色，开始参与到内容讨论中。

引导师陷阱

- 在会议开始时，未能对关键的假设进行检验；
- 无视你已经失去团队信任的种种迹象，继续进行；
- 安排休息，希望休息一下就可以解决问题；
- 未在过程中暂停，以得到关于有效性的反馈；
- 会议结束之后才检查自己是否失去了团队的信任。

"我感觉两小时前所有人就已经跟不上了！"

干预策略

- 做好充足准备，清晰了解会议的期望成果、团队动态以及可面临的挑战；

- 制定详细的议程及备选方案，防止运用的工具无效；

- 在会议开始时，对相关假设明确说明并加以验证，包括会议目标、期望成果、限制条件、时间框架、关键人员以及团队的决策权限等；

- 定时对团队进行检查，以得到关于会议进展的反馈：

    "我想和你们确认一下：会议的节奏如何？流程是否有效？我们的进展如何？你们还跟得上吗？"

- 如果你感觉已经失去了团队的信任，勇敢地要求团队提供反馈和指导：

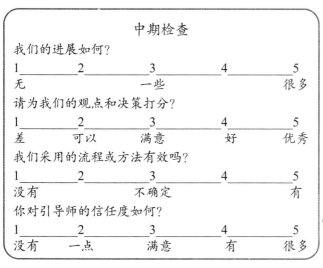

"我感觉失去了信任。如何才能重获你们的信任？"

- 进行匿名的会议中期检查,这样参与者就可以表达自己的顾虑；

- 你暂时离开会议室，请一位志愿者充当引导师，协助团队进行问卷调查总结，确定改进建议，包括对你的建议；

- 如果你经常失去参与者的"追随"，则请有经验的引导师观察你的工作，并且据此提供反馈。

*小贴士
高级引导师会时刻警惕失去团队信任的种种迹象，并且会立即采取行动，以重获参与者对自己的信心。

27. 无法共识

"为什么我们就不能一致？"

挑　　战

- 经过长时间的考虑之后，团队成员还是无法得出最终决定；

- 有的时候只是一个人持反对意见；有的时候，则是因团队意见分散而形成僵局；

- 有人试图说服甚至威胁其他人赞同团队意见，这些情况都会令团队内出现沮丧和愤怒的情绪；

- 为了结束僵局，一些人做出让步，但会议结束后他们马上与会议结果撇清关系。

"我从来没真正支持过那个观点！"

"我也是！"

真实情况

- 团队可能不清楚共识的本质，缺少团队制定决策的技能；

- 参与者不愿彼此包容可能缘于信任度低；

- 一些人可能由于个人原因阻碍决策的制定；

- 参与者可能在讨论初期就从自己的角度思考，看不到其他方面；

- 决策流程有误或数据不足。

引导师陷阱

- 未能澄清共识的含义或提供所需的技能；

- 允许团队在缺乏适当规范、无法制定复杂决策的情况下运行；

- 任由团队长时间陷入僵局而不进行干预；

- 坚持无效的流程，无法得出结果；

- 总结陈述时，概括性不强、用词不准确；

- 对不当行为进行口头干预时不果断；

- 未检验团队成员对最终决定的承诺。

干预策略

- 为所有的决策过程设定适当的时间范围;

- 如果团队停滞不前,则暂停讨论,判断其发生的原因;

- 重新检查流程,准备好备选工具或技术;

- 如果本位主义的思考方式阻碍了共识达成,则调整流程,使用头脑风暴进行关联分析;

- 帮助团队制定规范以促进积极决策,关于规范制定的问题包括:

- 为了鼓励互相包容,需要明确,共识是指对于讨论结果大家能够接受,而不是每个人都完全同意;

  > 如何保证对他人的观点保持开放的心态,不拘泥于已有的解决方案?
  >
  > 为了互相做出让步,我们需要有怎样的心态?

- 如果团队无法全部认同共识的内容,则在活动挂图上画出"同意梯度"表;指出达成共识的点是 4 分,而不是 5 分;描述图表上的每一条内容,询问参与者:对于共识内容,他们认为自己处于哪种同意程度?

1	2	3	4	5
我对此方案坚决反对,有原则性差异	我对建议方案有几点重要的保留意见	我对建议解决方案有一两点保留意见	我可以接受建议方案	我完全赞同建议方案

- 请处于 1、2、3 分的参与者解释其原因;询问他们,共识内容做出什么修改可以让他们到达 4 分的位置;探讨对共识内容做出相应改动的可行性;

- 一旦达成共识,询问每位参与者是否愿意支持最终决定,以此获取公开承诺。

> *小贴士
> 如果团队总是难以达成共识,那么就需要另外安排时间,对于他们总是陷入僵局这一问题进行针对性的解决。

28. 未能结束

"我们以后再结束这个问题。"

挑　战

- 经过长时间的讨论，对话还没结束就突然停下来了；
- 讨论不断地从一个话题跳跃到另一个话题；
- 话题一有难度或复杂性，就被团队放入"停车场"；
- 团队里没有人想做总结或制定后续跟进工作；
- 你建议团队指定一位记录员，但他们拒绝了，对会议进程不做记录；
- 每次会议都在讨论相同的话题。

真实情况

- 参与者可能未做好准备，缺乏制定决策所需的数据；
- 组织可能不愿给予团队制定决策所需的权力；
- 团队可能需要关于会议有效性方面的培训；
- 团队成员可能缺少管理对话方面的清晰规范；
- 参与者可能通过故意拖延以避免承担更多的工作；
- 由于多年以来会议的结构不完善和组织不力，团队可能一直处于功能失常的模式；
- 参与者可能有意避免改变。

引导师陷阱

- 在团队成员从一个话题跳跃到另一个话题时不加制止；
- 未能坚持结束讨论；
- 缺少结束讨论的方法；
- 未能对"停车场"里的内容重新检视；
- 未能坚持让团队先解决未完成的事情；
- 对于团队缺少结束环节这个问题，未能及时提供反馈。

"现在我们先不讨论这项内容了，下次会议时我们再继续。"

干预策略

- 确认团队是否具有制定决策的充分权力；
- 确定参与者是否具有足够的信息，出席会议的人员是否合适；
- 为每个讨论都设定时间范围，指定一名计时员；
- 在每次讨论开始时，详细说明期望结果，这样参与者就可以清楚了解每个讨论的目的：

  "讨论刚刚开始，让我们先了解一下这次讨论的期望结果。是分享信息、提供意见、提出建议还是制定最终决策？这次讨论是否需要制定行动方案？"

- 帮助团队制定相关规范，以解决缺少结束环节的问题，关于规范的问题包括：

如何保证一个话题结束后才进入下一个话题？

什么情况下可以暂停或延迟某项内容？

  - 经常为团队提供口头和书面总结，帮助团队得出阶段性结论：

    "我要回顾一下你刚才说过的内容，看看这是不是一个结论。"

  - 组织参与者创造一个不具威胁性的词语，用以提醒跑题现象：
  - 如果团队坚持要在没有结束上一个话题的情况下直接进入另一个话题，则在下一次会议中安排额外时间来解决缺少结束环节的问题。

"我们又溜号了！"

***小贴士**
一般来说，某一讨论缺少结束环节，则说明团队边界不清、职责不明。

29. 缺乏反馈

"以后再说！"

挑　　战

- 当题目比较敏感或有难度时，参与者不愿意发表意见；
- 参与者的肢体语言表明他们没有关注；
- 少数人一直在说话，其他人则保持沉默；
- 未经过彻底的分析和讨论，就草率制定决策；
- 参与者不说出自己的想法就同意团队的决定。

真实情况

"我可什么都没说！"

"我也是！"

- 信任度低，只有少数坦率的人感觉自己可以谈论自己的真实想法；
- 曾经有过对否定或相反观点进行报复的情况；
- 组织的文化可能不习惯给予和接收反馈；
- 团队可能有避免敏感问题的模式；
- 组织的管理环境可能是自上而下式的，在这样的环境中，领导者不习惯员工的参与。

引导师陷阱

- 未能认真研究组织的背景和文化；
- 忽视压抑的表情和沉默的肢体语言；
- 允许沉默的人不参与讨论；
- 在没有听取所有人的意见的前提下，就让团队制定重要决策；
- 未能提供反馈机制以浮现问题和顾虑。

"没有人说话了，这么说一切都没问题？"

干预策略

- 在团队中与成员进行一对一的面谈，以了解他们有所保留的原因；
- 进行团队氛围调查，获得关于信任和开放度的数据；
- 与领导者会面，说明缺少反馈的情况，就使用参与性策略这个问题，征得他的同意；
- 使用不同的方法鼓励参与，如小组讨论、采访搭档、使用活动挂图或标签纸书写等；
- 帮助团队完成"阻力表"，询问用什么方法可以推动他们前进：

　　1）请参与者自己秘密打分（1～5 分）：

1	2	3	4	5
我不能 自由谈论		有时我可以 自由谈论		无论何时，我 都能自由谈论

　　2）询问大家，什么样的保证或条件可以让他们提高自己的打分，并记录这些意见，其中可能包括新的规范或行动计划。

- 使用"离场调查"，保证负面情绪得以充分发泄；将调查结果拿到下次会议上，在会议开始时引导大家讨论如何提高分数；对于收集到的建议，立即实施。

*小贴士
没有反馈，问题会
不断重复出现。

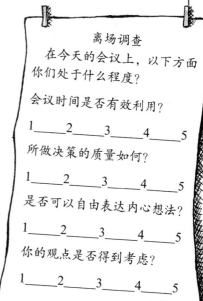

离场调查
在今天的会议上，以下方面
你们处于什么程度？

会议时间是否有效利用？

1＿＿＿2＿＿＿3＿＿＿4＿＿＿5

所做决策的质量如何？

1＿＿＿2＿＿＿3＿＿＿4＿＿＿5

是否可以自由表达内心想法？

1＿＿＿2＿＿＿3＿＿＿4＿＿＿5

你的观点是否得到考虑？

1＿＿＿2＿＿＿3＿＿＿4＿＿＿5

30. 缺少跟进

"什么都没发生！"

挑 战

- 参与者努力制定策略和行动计划，但最终什么也没有执行；
- 由于过去的失败，参与者裹足不前；
- 各项工作的优先顺序不断调整，使参与者不敢轻易做新的尝试。

"这次我不想再参与了！！"

"上次的建议怎样了？"

"这些我们以前都做过！"

真实情况

- 参与者可能有正当理由来拒绝新的项目或活动，因为相关的内容以前已经做过了；
- 对于某些新建议，管理层只是走过场，就为了说它们已被解决，根本没打算后续跟进；
- 过去的项目没有获得足够的资源或组织支持；
- 参与者可能感觉工作超负荷，不愿意再承担额外任务了。

"请保持乐观。这次完全不同！"

引导师陷阱

- 未能研究团队承担类似任务的历史情况；
- 忽视团队成员的感觉和担忧；
- 依靠让领导出席会议的方式，迫使成员参与；
- 向参与者灌输"这次会议的流程和以前不同"的概念；
- 不探究以往失败的原因，只是鼓励团队继续推进。

干预策略

- 在任何重大新活动开始前，都要进行一对一的面谈，找出以往项目失败的原因；

- 与高管会面，获得他们的合作，以支持团队的工作；

- 针对薄弱的后续跟进环节，采取问题解决法，组织参与者进行头脑风暴，分析当前情况，制定解决办法，保证行动的执行：

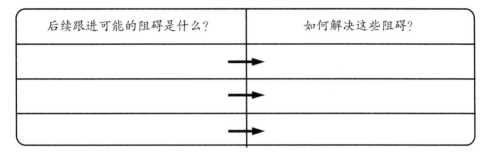

后续跟进可能的阻碍是什么？	如何解决这些阻碍？

- 在每项议程结束时，都留出足够的时间制定行动计划，然后判断这些计划的可行性，预见可能出现的障碍；

- 确保每条行动安排都有具体的、可测量的目标，以使大家明晰各自的角色和职责；

- 帮助团队制定行动计划表，跟踪每个步骤，确保正确管理后续跟进环节；

- 在所有的会议上进行"提交"环节，这样参与者就知道自己有责任汇报进程；

- 保持高管人员的参与，定期邀请他们参与会议，听取进程报告，并为团队提供支持；

- 将项目责任和业绩评估相挂钩，以使参与者承诺采取行动；

- 庆祝成功，给予团队成就感。

*小贴士
缺少后续跟进是造成参与者不满的一个主要原因，需要引起注意。

第 **4** 章
引导师的咨询策略

除了定期的员工例会、小型的会议和那些即兴引导之外，引导工作最好遵循一系列有序的步骤。

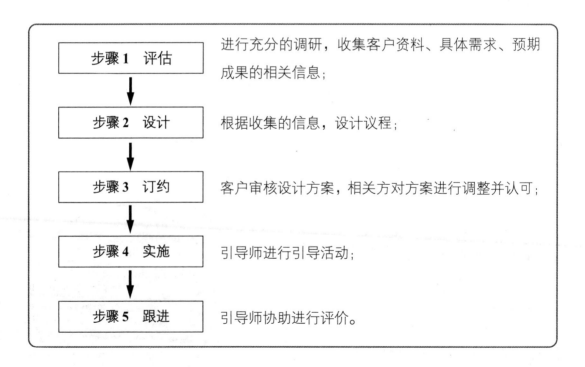

步骤 1　评估	进行充分的调研，收集客户资料、具体需求、预期成果的相关信息；
步骤 2　设计	根据收集的信息，设计议程；
步骤 3　订约	客户审核设计方案，相关方对方案进行调整并认可；
步骤 4　实施	引导师进行引导活动；
步骤 5　跟进	引导师协助进行评价。

这些步骤和咨询师管理其工作时所用的步骤很相似。随着引导任务由简单趋向复

杂，借鉴咨询行业的相关做法是一个明智选择。使用这些步骤可以为引导工作划定界限，以免活动设计草率，无法取得效果，得不到客户支持。

外部引导师遵循这些步骤，可以清晰制定各项参数，明确工作范围；内部引导师采用这些步骤，有助于明晰工作界限，协商所需权力，获取支持，提高效率。

请注意，本章通篇都在用"咨询师"和"客户"这两个术语。实际上，"引导师"和"咨询师"经常互换使用，因为二者之间有很多相同特征。

咨询包含以下特征：

- 一项有契约的短期任务，通常是兼任；

- 一个为了满足任务需求而专门设计的角色；

- 在其他组织或你所在组织的其他部分进行，你是外部人员；

- 在任务中，你对所涉及的人或项目没有直接控制权；

- 这一角色的权力来自专业技术知识、人际交往方式和流程技能；

- 除了提供技能，这一角色的另一重要价值是帮助客户了解问题本质；

- 向帮助对象而不是自己的上级领导汇报；

- 有明确的结束时间，一旦到期，与相关任务及人员的关系即终止。

以咨询师的方式进行所有的引导任务，可以更有效率且更被重视。要达到这一点，可以参照下面介绍的五步法模型进行操作。

应用五步法

从为期一天的问题解决会议，到长期的变革管理项目，都可以用这些步骤进行引导，完成每个步骤所需的时间要根据引导任务的大小而定。

需要注意的是，即使没有时间进行准备或准备时间较短，也需要遵循这些步骤。引导师在没有时间准备的情况下，也要将这些步骤正确安排到议程中，如下例所示。

欢迎及热身	开场与欢迎致辞
	团队赋能
目标概括	告知会议目标
需求评估	利用顺序提问、开放空间、入场调查等方式，明确主要问题和需求
问卷调查反馈	数据汇报与解读，确定期望成果
议程确认	引导师提出流程建议，并得到参与者认可
实施引导	执行认可的设计方案
实施引导	流程继续
总结和结束	检查达成一致的内容，制定后续计划
评价	离场调查，评定期望结果的达成程度

　　不管任务用时长短，高级引导师都会利用引导流程中的各个步骤，这一策略会为其工作提供特定结构，增强其专业感。

步骤 1　评估

　　无论是一次独立的会议，还是系列讨论的一部分，都需要对客户的情况进行彻底的分析，这是设计、引导有效会议的第一个关键步骤。

　　引导师要避免毫无准备地投入一次临时会议，也要避免在不了解细节的情况下就草率设计会议方案。即使一个表面看似单纯的会议需求，也可能潜伏着隐藏的动机、过往的冲突和其他的阻碍。缺乏深入评估会导致设计方案漏洞百出，对任务的关键方面判断错误。

典型方式

- 引导师收到任务需求，开始时通常是电话沟通，引导师提出一些基本的问题，以对任务有基本了解，并做初步说明；
- 与发起人进行面对面会议，以获得更多信息，评估任务范围；
- 如果引导师认为自己适合此项任务，则准备一套评估问题；
- 设计并实施评估。

主要目的

- 获得关于组织、相关方以及引导活动范围的重要信息；
- 发现可能对讨论产生影响的过往历史；
- 对参与者的投入度、障碍、资源、抵触因素等情况进行评估；
- 在一对一的基础上了解相关方，以建立坦诚、融洽的关系；
- 确认客户相关情况；
- 确定所需的准备工作；
- 确定参加会议的人员。

相关活动

- 研究背景资料，了解客户及其工作；
- 确定关键问题，与参与者进行一对一的面谈；

- 进行焦点小组访谈；
- 进行问卷调查，并组织反馈；
- 与可能缺席但对流程有重要影响的关键人员进行面谈；
- 分析数据，建立数据库，以支持流程方案设计。

关键挑战

- 收集到关于当前情况的正确背景信息；
- 设计合理的问卷，提出正确的问题；
- 为面谈和调查获得支持；
- 安全地帮助客户揭露敏感问题、相关障碍和隐藏议程；
- 与参与者建立良好的关系；
- 清晰地沟通重要信息；
- 准确地对当前情况进行诊断，周密设计解决关键问题的流程。

常见误区

- 未能完全了解参与者及其组织的文化、需求和期望；
- 仅在获得初步信息之后就草率做出结论；
- 对客户做了一些假设，但未对这些假设进行验证；
- 未能识别出抵触因素和其他障碍；
- 对潜在障碍予以低估、有意忽视，而不是直接解决；
- 未能获得利益相关方给予重要支持的保证；
- 沟通不清晰或信息不完整。

放弃引导任务的原因[*]

- 时间不符合日程安排；
- 不具备任务所要求的技能；
- 数据分析清楚表明，任务的成功可能性很低；
- 资源和其他组织支持不到位；
- 开放和信任程度不足以解决根源问题；
- 活动只是流于形式，目的不明确。

*在这一阶段放弃引导任务是最容易的。越往后的阶段放弃引导任务就越困难。因此，如果出现一条甚至多条上述情况，则尽早退出。如果可能，告知客户你拒绝这项工作的原因，让他们清楚了解你未来可能适合的任务类型。

问题策划

这一活动源于彼得·布洛克的《完美咨询》一书，包括确定已知因素、隐藏因素等内容，有助于针对具体情况确定最有效的问题。在阅读相关内容并与利益相关方进行第一次初步讨论后，再进行这一活动。

确认自己的信息空白后，就可以策划一套复杂的高质量问题，应用到访谈、调查和焦点小组中。

已知因素：关于这一情况，他人告诉你了哪些信息？

到目前为止，你还了解其他哪些内容？

隐藏因素：他人未告知你哪些信息？这些可能是更深入和敏感的问题，通常是真实的情况或产生阻碍的根本原因。你仍然不知道的信息是什么？关于组织、参与者、之前的历史等内容，你还需要了解哪些信息？

抽样评估问题

　　每项引导任务都是独一无二的，问题也需要经过专门的设计。这些问题可以用来构建调查问卷，也可作为焦点小组、一对一面谈的基础。以下提供的问题范例可以作为策划个人面谈时的参考。

　　需要注意的是，其中一些问题需要参与者非常坦率，因而它们并不适用于所有环境，某些问题甚至具有一定的风险。这些都是有意安排的，因为在早期阶段，需要透过表面需求看清问题本质。通过这些问题，可能发现一些隐藏因素，会抹杀成功的可能性，也可能发现一些问题，使你拒绝任务。提出一些略显尖锐的问题，可以让敏感话题在相对安全的私人会面中发现，而不是在团队会议中爆发。

- 对于发起这次活动，你如何理解？当前情况下，你认为有必要进行这项活动吗？
- 我应该了解哪些过往信息？过去的哪些事件可能会对这次活动产生影响？
- 如果这次活动非常成功，那么可能产生的最佳成果是什么？
- 你认为这次活动成功的概率有多大？

1	2	3	4	5
无		有一些		很大

- 哪些积极因素有助于活动成功？
- 阻碍成功的挑战或障碍有哪些？最大的障碍或潜在的干扰是什么？
- 描述团队内的开放和信任程度。是否可能存在压抑的感受、隐藏的冲突，对流程产生不利的影响？
- 这是一个团队还是一个组？描述这个团队过去的一次成功经历、一次失败经历。
- 如果你可以改变这次活动相关的某个条件，你想做出什么改变？
- 对于参与此次活动，你的个人感受如何？让你兴奋的因素是什么？让你担心的因素是什么？
- 你对组织支持此次活动的承诺度如何打分？为什么？

1	2	3	4	5
无		有一些		很大

- 你在这项活动中会加入什么资源？
- 你怎样理解我的角色？我能够做出的最大贡献是什么？我可能犯的最大错误是什么？你对我有什么样的建议？

有效面谈检查表

一对一面谈可以有效发现各类隐藏细节，个人面谈的方式也有助于打破与团队成员之间的僵局，建立亲密关系。

因为引导经常具有一定的敏感性，所以营造开放和信任的气氛非常重要，为此需要做以下说明：所有内容保密，所做记录只用于活动策划，不会跟任何人分享。

在评估阶段，无论何时需要进行面谈，都应注意以下原则：

- 为面谈安排一个私密的地点；
- 态度友好，预留一定的寒暄时间，以建立相对亲密的关系；
- 说明保密原则，赢得访谈对象的信任，鼓励他们直言不讳；
- 明确说明面谈目的；
- 先说明这次活动的总体目的，然后再问访谈对象如何理解；
- 多听、少说，重述对方的主要观点，以保证倾听的准确性；
- 不判断、不评价，避免草率做出结论；
- 提出追加问题，发掘隐藏信息；
- 通过提问，挖掘客户对流程的看法；
- 确认客户的感受，适当表达共鸣；
- 确定访谈对象对流程的需求；
- 在整个面谈过程中，保持耐心、关注客户；
- 对访谈对象表达的观点进行总结；
- 与客户确认：对面谈是否满意？对其意见是否理解准确？

- 重申将如何使用访谈对象分享的信息。

确认客户

在任何咨询项目中，被满足需求的人称为客户。看起来似乎很明显，与你联系、让你承担引导任务的人自然就是你的客户。然而需要注意的是，在大多数引导活动中，客户并不是最初提出服务要求的人。

例如，一位领导者要求你在其部门引导一次团队组建的会议，这种情况下，客户并不是这位领导者，而是整个团队。因为全体成员都会参与到决策制定的过程中，这不仅会影响到整个部门，而且也会对他们的日常工作产生直接影响。

有些情况下，要求你提供帮助的人就是你的客户。例如，一位经理需要在报告中加入相关信息，所以请你引导一系列焦点小组讨论。如果参与焦点小组的人并不制定决策，也不会对他们产生影响，相关结果只与提出需求的人相关，那么这个人就是你的客户。

> **永远不要认为自己知道谁是客户——检查！**

这一点至关重要，在任何引导活动的第一阶段就必须清楚这一点，否则，就可能遇到以下情况：

- 联系你的人认为你是为他们工作，希望你按照他们的要求做；
- 流程中的其他参与者认为你代表联系你的人，因此认为你并不中立。

出于这些原因，一定要在流程中的第一阶段就明确谁才是客户。为此，你可以问自己：

- 谁会受到直接影响？
- 实现了谁的期望结果？
- 需要得到谁的信任？

如果你确定客户就是整个团队，则需要和请求你帮助的那个人进行沟通，这一点非常重要。相反，如果你代表某个特定的人或团队来主持一系列会议，则你需要和所有参会人员进行沟通，这种沟通是整个活动的一部分。

公开说明自己为谁工作以及你将如何开展这项工作，会建立参与者的信任，确保你的工作内容符合职业道德。

数据总结

评估阶段的最后一个活动是做出简洁的数据总结，为设计阶段提供基础。这份总结需要严格保密，不能与客户分享。如果此流程需要数据反馈，则需要另外准备一份文件，以保护调查对象的匿名性。

1）你最初被告知，这项任务的性质和目的是什么？

2）你所收集的数据显示，这项活动的真实性质和目的是什么？（如果有变动，则需指出为何发生这种现象。）

3）谁是客户？为什么？

4）对于这项活动来说，比较重要的必要产出和期望产出是什么？（进行排序）

5）现在你认为期望成果是什么？（按顺序列出）

6）在这种情况下，确定工作中的各个因素：

推动因素	阻碍因素

7）你认为，成功的可能性有多大？为什么？

1	2	3	4	5
无		有可能		很大

8）当前组织对这项活动的支持程度如何？

1	2	3	4	5
无		有一些		很大

9）谁是关键利益相关方？他们各自需要扮演什么角色？

步骤 2　设计

　　会议是一项非常复杂的活动，需要经过周密的设计，当会议是变革活动的一部分时，尤其如此。谨记，专业引导师在团队面前每做一小时的引导，就至少有一小时的准备时间。有经验的引导师从来不会在手头没有详细设计方案的情况下直接主持会议！

　　在设计阶段，要充分利用评估阶段收集的数据。有经验的引导师在最终敲定前会设计几个备选方案，考虑不同的方法，保证灵活性和适应性，以免初始方案无效。

典型方式

- 引导师检查数据并进行总结；数据获取方式包括现场考察、背景资料阅读、面谈、问卷调查、焦点小组、流程观察等；
- 如果数据反馈属于合同的一部分，则需要为客户另外准备一份书面的数据总结；
- 引导师利用设计表确定关键的会议要素，并准备设计草案，以供客户审核。

主要目的

- 解读评估阶段收集的数据；
- 确定目的、目标和期望成果；
- 确定活动、流程工具；
- 撰写设计草案。

相关活动

- 回顾数据，总结发现；
- 向客户提交反馈报告；
- 研究相关流程设计；
- 书面编制设计草案。

关键挑战

- 准确评估收集的数据；
- 确定合理的目的、目标和期望成果；
- 确定有效的流程要素；
- 正确地对各项活动进行排序。

常见误区

- 数据回顾仓促、不充分；
- 低估阻碍和障碍；
- 有意忽视难点；
- 未能有效设计活动、克服阻碍；
- 策划的活动不适用于团队；
- 未能设计备选活动，初始设计要素无效时无法应对。

放弃引导任务的原因*

- 任务的性质不适合进行引导干预；
- 经验不足，无法有效承担任务；
- 活动的时间安排不切实际；
- 活动所确定的参与对象不符合实际需要；
- 期望产出与必要产出的差距过大；
- 需要先解决人际冲突、信任等方面的问题，活动才可能成功；
- 大家对当前情况的看法完全不同；
- 活动成功所需的重要资源和组织支持未能到位；
- 你意识到，这项活动不过是流于形式，利益相关方根本不想执行引导流程中所做的任何决策。

*即使出现了某些上述原因，你可能还是决定继续进行下一个步骤，但必须针对主要障碍进行协商。很多情况下，在继续进行原定任务之前，都需要增加额外的环节，以解决一个或多个上述问题。

会议设计工作表

利用以下一系列问题帮助你开始设计过程。在每个出现星号标记的地方，记下该议程所使用的具体流程工具。

1）本次引导活动的总体目的是什么？

_____

2）会议的目标和期望结果是什么？

目标   期望成果

i _____ ➡ _____

ii _____ ➡ _____

iii _____ ➡ _____

iv _____ ➡ _____

v _____ ➡ _____

3）会议各部分内容的性质是什么？给以下每条内容赋予相应的百分比：

_____%的会议内容是信息分享；

_____%的会议内容是策划活动；

_____%的会议内容是问题解决活动；

_____%的会议内容是关于关系建立的讨论。

4）我们真正需要做出的决策是什么？每个决策的难度如何？每个决策内容相应的放权等级如何？

需要制定的决策	难度水平 （1=低，5=高）	放权等级 （Ⅰ、Ⅱ、Ⅲ、Ⅳ）
＊		
＊		
＊		
＊		

5）谁必须参加会议？

_____

6）参与者需要提前做什么功课？

_____

7）团队是否需要热身活动来彼此熟悉或破冰？如果是的话，热身活动的目的？时长？

_____

8）是否可能出现抵触行为？如果是的话，我们需要提出什么问题，以促进参与、建立规范、克服抵触？

_____

9）引导过程中哪些方面还可能出错？你需要准备怎样的策略来解决这些预见到的问题？

_____

10）你如何阐明自己的角色？谁还需要对自己的角色进行说明？

_____

11）如果会议需要制定其他规范，你要提出哪些相关问题？

_____

12）为了有效引导会议，你需要在会议前与团队协商获得什么权力、权威？在会议开始时呢？

_____

13）中期检查时，你需要提出什么问题？在会议结束时呢？

_____

会议设计内容

所有会议都是以下类型活动的不同组合。

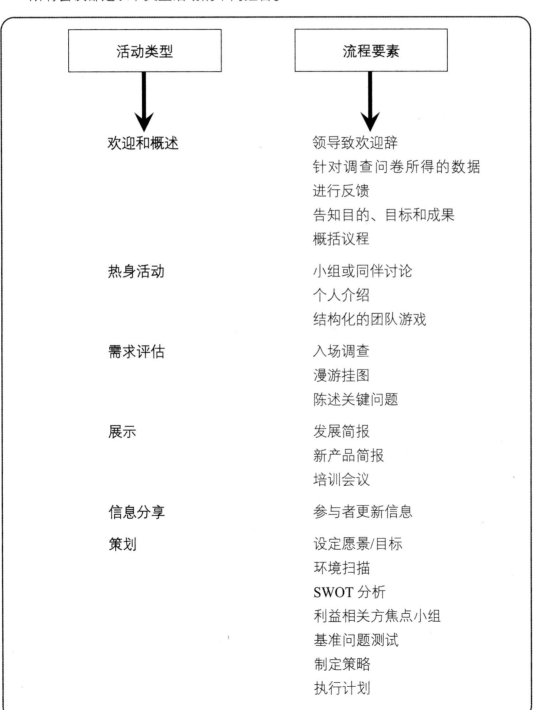

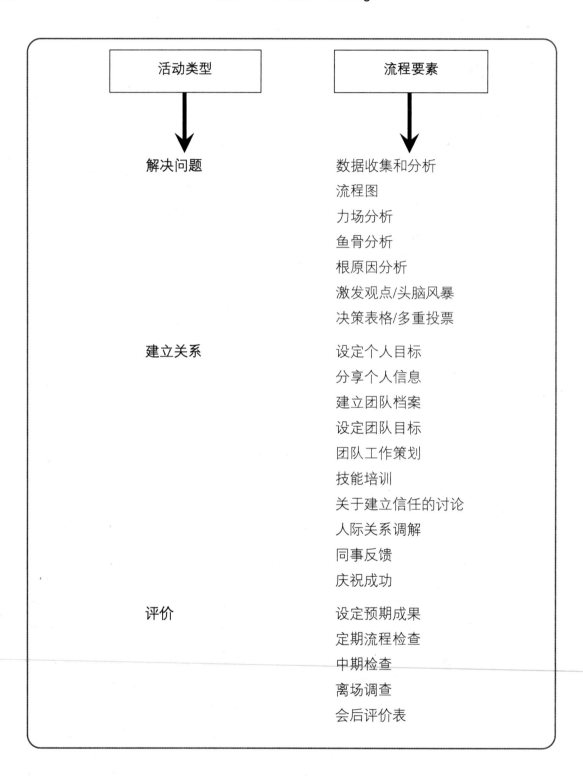

活动类型	流程要素
解决问题	数据收集和分析
	流程图
	力场分析
	鱼骨分析
	根原因分析
	激发观点/头脑风暴
	决策表格/多重投票
建立关系	设定个人目标
	分享个人信息
	建立团队档案
	设定团队目标
	团队工作策划
	技能培训
	关于建立信任的讨论
	人际关系调解
	同事反馈
	庆祝成功
评价	设定预期成果
	定期流程检查
	中期检查
	离场调查
	会后评价表

会议设计模板

本模板概述了组成引导会议的各项活动。

议　　程	流程记录
名称： 目的： 成果： 时间：	
名称： 目的： 成果： 时间：	
名称： 目的： 成果： 时间：	
名称： 目的： 成果： 时间：	
名称： 目的： 成果： 时间：	
名称： 目的： 成果： 时间：	

设计检查表

利用以下列表检查设计草案：

___会议目的是否清楚明确？这个目的是否反映了参与者和利益相关方输入的信息？

___每条议程是否都有详细对应的期望结果？

___是否明确了潜在的障碍和阻力？是否有解决这些问题的策略？

___是否包含确定参与者个人需求、提升参与积极性的问题？

___是否制定了相应的规范性问题，以正确地营造氛围，保证你具有所需的权力？

___是否根据话题类型对其进行了分类？

___是否对每个讨论进行了分析，以确定哪些讨论需要制定决策，哪些不需要？

___针对每个话题，是否确定了相应的工具？

___是否有备选流程，以应对中期调整的问题？

___是否预见了可能出现的失当行为？为了对其进行有效干预，需要说哪些话？是否进行了演练？

___是否为每个讨论安排了合理的时间？

___是否安排了中期检查，以确保流程的有效性，并保持正确的方向？

___设计方案是否包含了汇报展示和参与式活动？

___设计的节奏是否合理？能否保证休息时间、团队活动以重新激活团队？

___会议结束时是否预留了足够的时间以详细制定下一步行动？

___议程是否包含了离场调查或会后评价？

步骤 3　订约

　　订约是咨询过程的关键步骤之一，对引导师来说也非常重要。一方面，订约是对任务的正式确定；另一方面，在这一步骤，引导师有机会协商管理任务的权力。

　　订约也是获取支持的重要步骤，即使参与者已经表达了参加某一会议的愿望，也仍然需要获取他们的支持。在订约过程中，可以组织团队成员参加会议，提前核对流程设计方案，并进行确认。通过这些活动，获取参与者支持。

典型方式

- 引导师将评估数据总结和会议设计草案分发给客户；
- 各相关方共同审阅数据和设计方案；
- 进行必要的调整，批准议程；
- 引导师和客户围绕任务要求，确定各项条款；
- 引导师准备书面协议，交由客户签署。

主要目的

- 将总结报告和设计草案提交给客户；
- 获得参与者的信息输入，并批准设计方案；
- 为会议设定共同期望、角色定位、边界条件；
- 讨论如何解决挑战性问题、如何共同应对突发事件。

相关活动

- 提交议程草案；
- 向参与者/利益相关方呈现草案内容；
- 观察参与者反应，接收参与者建议；
- 对设计方案做出调整，并达成一致；
- 协商你的角色，要求具体的权力；

- 编写、发送协议。

关键挑战

- 以完全中立和专业的方式，分享敏感的评估数据；
- 基于所得数据，进行有效设计，满足关键客户的需求；
- 巧妙处理客户不切实际的期望；
- 如果客户拒绝了设计方案中的重要组成要素，则需要解决这一抵制行为；
- 展示方案中较为挑战的内容时，既要有一定的技巧性，又要有适当的坚定态度。

常见误区

- 未能聚焦于当前的重要需求；
- 采用的设计方案是参与者想要的，而不是他们真正需要的；
- 提出的活动对参与者来说太敏感或太困难，结果无法实施；
- 未能有效倾听客户的输入信息与建议；
- 未能发现隐藏的议程内容或挑战性的假设；
- 未能确定角色的界限、协商有效引导所需的权力；
- 未能有效识别并处理客户抵制；
- 设计内容有缺陷时，仍继续进行，无法达成既定目的。

放弃引导任务的原因*

- 客户拒绝了设计方案中的关键组成要素，或者降低了设计方案的质量，导致会议可能成为一项毫无意义的活动；
- 客户没有承担相应的角色职责；
- 客户没有赋予引导师所需的权力，因而无法有效引导；
- 必要的支持机制不到位，无法支持实施；
- 时间安排不切实际，或在引导师没有提出的情况下，强加其他的限制条件。

*在这个阶段拒绝任务会很尴尬，但是上述情况如果出现，那么继续进行引导则会带来更严重的问题。根本不可能成功的会议只会令人厌烦，长期来看也会损坏你的声誉。

提出流程设计方案

一旦完成评估和设计步骤，你就要与客户分享你的发现。一般来说分成两个阶段：一是提交书面的数据评估总结报告、设计草案，二是与客户会面，调整设计方案，对关键要素进行协商。

如果会议规模相对较小，或客户所在位置较远，则订约讨论可以通过电话或电子邮件的形式进行。对比而言，面对面的会议更有利于获得支持、建立亲密关系。

即使开始时只有一个人与你联系，在审核流程时也最好邀请多名参与者加入，这样可以保证设计的有效性，避免出现只听取一个人的建议、无法反映广泛共识的现象。

订约会议一般有以下内容：

1. **介绍最初的需求内容。**这次会议的根本目的是总结你被告知的内容，务必保持简明扼要。

2. **做出数据总结。**对收集的数据进行简短总结并分享，证明设计方案的合理性，除此之外不必进行过多说明。在面谈过程中，一定不要提及谁说了什么。

3. **检查设计方案。**解释你所遵守的总体设计原则；检查议程的具体内容、相关理论基础、预期成果；解释处理每条内容的流程工具。

4. **要求给予反馈。**请参与者分享他们对建议的活动有何反应。使用优劣势对比的方法，以获得更中肯的评价，可以问以下问题：

   - 这项设计的优势是什么？
   - 这项设计的劣势是什么？你感到担心的是什么？
   - 缺失了什么？忽略了什么？
   - 可能的挑战是什么？可能出差错的方面是什么？
   - 可以做出什么改进？

5. **寻求改进。**尽可能多地接受参与者提出的建议。如未采纳客户建议，说明原因；如发现抵制现象，加以解决。

6. **协商你的角色。**确定有效引导所需的权力与权威，包括进行适当的语言干预、对流程环节的完全控制。

7. **阐明所有的参数。** 确认各方的期望；说明参与者需要提前完成的各项准备工作；检查预算、费用以及后勤准备，如日期、地点和时间等。

8. **后续步骤。** 检查各项后续步骤；告知客户，你会提交一份协议书，总结各项关键参数；感谢参与者的输入，表达对会议成功的信心。

会议之后，完成设计方案，准备协议书，向客户发送会前资料包。

处理抵制情况

在订约会议上，客户对设计方案中的一个或多个要素提出反对意见是很常见的事情。引导师需要对相关情况有所了解，并准备好相应的解决策略。

客户对议程内容抵制甚至反对的原因有很多，一般包括：

- 收集数据不完整；
- 评估内容不准确；
- 客户可能不愿意正视某一严重问题，或不愿意面对某些特定的问题、难以应付的人；
- 团队成员可能认为拟进行的某些讨论过于深入，会对自己造成威胁；
- 参与者对于某些行动步骤可能不愿意遵守；
- "问题成员"可能制造阻碍以满足自己想要的议程。

如果发现自己收集的信息不足或评估错误，那么在订约会议上的输入信息将有助于修正错误、停止策划不当干预。

如果团队成员认为活动的风险太高或太敏感，因此进行抵制，那么订约会议就是发现这一隐患的最佳时机。解决"不愿意"的最佳方式就是让参与者确认自己的担忧，说明他们愿意继续参与的条件。这些输入信息有助于设计针对性的规范问题，从而营造所需的环境。

如果你感觉参与者的抵制只不过是一个逃避策略，那么就需要采取一个更强硬的方式。积极倾听每项内容被拒绝的原因，无论是否同意，都对听到的内容进行重新阐述，然后再次强调，你认为他们需要做什么。在某些设计要素上坚定自己的立场非常重要：客户有自己想要的内容，而这些和他们真正需要的内容之间存在差距。引导师最大的贡献，是帮助客户做他们真正需要的事情，而不是一味迎合客户的感受，只做那些客户想做的事。

拒绝引导任务的合理原因之一，就是客户拒绝做那些真正需要做的事，甚至要做那些可能适得其反的事。

周密的合同

一个成功的订约讨论，在其结束时：

- 每个人都非常满意，因为有充足数据作为设计的基础；
- 所有相关方都想积极投入描述的活动中；
- 时间、地点、角色、前期准备等细节都很清楚；
- 各个角色很清晰，引导师具备有效管理讨论所需的权力；
- 客户对活动中关于自己的部分承担了相应的责任；
- 对担心的事项和可能的风险进行了公开讨论；
- 参与者和引导师彼此都有正面的印象。

合同存在疏漏的情况

- 所设计的干预措施缺乏数据的支持；
- 团队能否投入必要的时间、是否承诺全程参与，都存在疑问；
- 由于时间和工作的压力，这项活动的优先程度不高；
- 参与者或领导者试图推卸需要对引导师承担的主要责任；
- 参与者可能没有公开讨论他们的担忧和保留意见；
- 大家对干预者的能力和品格不信任。

书面落实

如果对干预的性质形成了口头协议，则总结要点，形成简要备忘录。这一点很重要，可以减少后期对协议内容产生误解的可能性。备忘录的内容没有固定要求，但应包括以下方面：

- 需求相关的背景信息；

- 数据评估；

- 达成一致的方法和活动；

- 各参数和限制条件；

- 时间范围和日程安排；

- 期望结果；

- 角色说明；

- 后续步骤；

- 结束内容。

协议书样例

致：订单执行团队的全体成员

关于我们即将召开的会议，我们进行了一系列讨论，以下是相关内容的总结。请在两份文本上都签字确认，并尽快将其中一份交回。

背景信息　两年前，订单执行项目组在财务部内成立，目的是要提升公司前十大客户的订单处理速度。在大多数时间里，团队工作都很有效，但团队近期在重点工作聚焦、实施业务改进方面出现了问题。

数据评估　通过与团队成员面谈、问卷调查，发现以下问题：

- 在本次流程改进工作开始时，列出了公司需要优先处理的一些事项，但相关内容目前已经发生了改变；

- 项目预算和团队人数缩减；

- 团队成员不清楚自己的角色和职责；

- 团队成员工作量的分配不均衡、不合理；

- 关键项目的截止期限大大提前；

- 一些团队成员因为还有其他任务，会缺席会议。

提议的方法和活动：

会议 1：3 小时，团队成员 12 人

- 对当前情况进行全面分析，确定订单执行项目团队目前面临的内外部问题、障碍；
- 团队选出三个关键问题，再分成小组，举行问题解决会议，评估每个问题的根本原因；
- 制定行动计划以解决问题，并制定策略，寻求上级的帮助和支持；
- 确认执行计划所需的角色和职责。

会议 2：3 小时，团队成员 12 人、项目发起人

- 向上级汇报项目进展情况，以获取帮助和支持；
- 继续以小组会议方式进行讨论，解决遗留问题；
- 确定追加的改进策略；
- 检查、更新项目参数；
- 检查当前的角色和职责，调整团队成员的工作量；
- 举办开放式论坛，向上级发起人展示修改后的参数，获得他们对操作策略的支持。

参数和限制条件　从我们的讨论中，我了解到：

- 这些会议需要立即举行；
- 没有在外部举办会议的预算；
- 这些讨论必须在定期的团队会议中进行。

时间安排　团队接下来的两次定期会议，即 9 月 12 日、9 月 19 日，每次 3 小时，上午 7：30—10:30，地点是总部 A 会议室。

期望结果　在两场会议结束时，团队期望：

- 确定项目中出现问题的根本原因；
- 制定主要障碍的解决方案；

- 制定改进项目运行的实用策略；

- 提升上级对团队的支持；

- 制定一组新的项目参数，以适应修改后的预算和团队规模；

- 阐明成员的角色和相应职责；

- 平衡团队成员的工作量；

- 在团队成员和上级发起人中产生对项目的新的使命感。

我的角色：策划会议流程，分发详细的会议议程，确定所需的数据收集任务，引导两次会议，每次时长为 3 小时。

你的角色：安排所有会议的后勤工作，分发议程，分配数据收集任务，邀请来自管理层的发起人并与其保持联系，做好会议记录并分发给参会人员，跟进会议制定的行动计划。其他职责：在会议结束 6 周后，组织后续跟进会议，以保证关键建议的实施。

下一步：举行第一次会议时，我会提前 10 天将议程和相关的数据收集任务提交给团队办公室。你需要做好各项会议安排，下发会议通知、议程、数据收集任务。

前期与团队成员的会面非常愉快，我也很期待能为大家提供帮助，促进团队提高工作效率。

此致　　　　　　　　　　　　　　　　签名

_____　　　_____

步骤 4　实施

周密的合同完成后，一次成功的会议就要开始了。引导师每次都要第一个来到会议地点，调试好会议室里的各项设备。做好会前准备大有益处：在团队成员进入会议室时，你可以关注到他们并表示欢迎；一切准备就绪，也会使你感到自信。

典型方式

- 引导师改善流程设计方案，制定详细的议程和协议书；
- 将议程、协议书一并提交给客户；
- 引导师检查所有的物品，准备写有相关内容的活动挂图，用于在会议室张贴；
- 引导师提前到达、布置会议室；
- 实施会议。

主要目的

- 按照协议书的要求，提供引导技术；
- 帮助客户实现期望成果。

相关活动

- 最终敲定设计方案；
- 将设计方案和协议书提交给客户；
- 准备活动挂图；
- 准备资料和物品；
- 提前准备会议室；
- 营造气氛，激发互动；
- 引导讨论；
- 定时检查流程，监控进展情况；
- 在需要新方法时，及时调整设计；

- 在活动结束时，评估参与者的满意度；
- 确保参与者在离开时明晰后续步骤和跟进任务。

关键挑战

- 设定正确的基调和气氛；
- 在所有敏感讨论中保证参与者的安全；
- 巧妙地对假设提出挑战，发现隐藏的议程；
- 保持讨论不跑题、不拖延；
- 保持中立，记录准确；
- 当前方法无效时，立即调整会议流程；
- 保持所有成员积极参与；
- 全流程有效干预；
- 维持团队的信心。

常见误区

- 未能制定清晰、符合实际的期望结果；
- 未能获取所需的权力、权威；
- 未能制定具体的规范，以创造安全环境，保证积极参与；
- 未能识别抵制行为，没有获得所有参与者的支持；
- 未能注意到已经失去团队成员的支持；
- 未能注意到参与者已经心不在焉；
- 当某一流程无效时，仍继续按照原议程进行；
- 未事先设计备选流程；
- 忽视会议中期的进程评估；
- 在出现失常行为需要调整时，未果断进行干预；
- 放任讨论超时或离题；
- 放任参与者为达到个人目的而破坏议程；
- 对参与者输入的内容未能准确记录；

- 未做最后总结，致使制定决策的讨论未能有效关闭；

- 未留出足够时间制定执行计划；

- 未能对会议成果进行评估。

放弃引导任务的原因*

- 参与者改变会议目的，进入计划外的讨论，完全超出双方一致认可的原始需求；

- 参与者的行为严重失常，达不到预期目标，甚至适得其反；

- 参与者对引导师的态度粗鲁或带有侮辱性；

- 能明显看出，参与者并不是真的要实现会议目标，举行会议就是为了制造"已经采取行动"的假象；

- 会议试图导向负面结果，违背引导师的价值观。

*也许看上去无法想象，但确实会出现一些完全失常的情况，迫使你必须告诉客户：无法继续引导会议。如果真的发生了这样的情况，那么在退出引导或离开会议室之前，你需要确认，什么情况下才会返回，这一点非常重要。

引导开场

在会议引导的开始阶段，建议按以下顺序进行各项活动：

- 向参与者表示欢迎；

- 表达感谢，感谢团队成员给予自己提供协助的机会；

- 自我介绍，简要介绍个人背景；

- 请参与者介绍自己的名字，也可以介绍职位；

- 如果时间允许，进行与会议内容相匹配的热身活动；

- 核对原始需求；

- 核对会前收集数据的总结；

- 将数据总结张贴到墙上；

- 阐明会议目的、具体目标；

- 概述会议议程；

- 详细说明时间安排，指定一名计时员；

- 回答疑问，对议程做合理调整；
- 阐明你的引导师角色；
- 阐明其他成员的角色；
- 引导讨论，制定会议所需规范；
- 管理会议日常事务；
- 制作"停车场"，记录会议主题以外的重要话题；
- 如果参与者要互相进行敏感评论，训练他们使用适当的肢体语言和措辞，以适应这种交流方式；
- 在阐明每条内容的目的、流程和时间范围之后，进入议程的第一条内容；
- 开始讨论。

引导过程

在整个讨论过程中，引导师需要自始至终做到以下方面：

- 不断阐述成员的观点，以澄清其含义；
- 在参与者出现无效行为时，立即实施干预；
- 定时总结，以使参与者回到谈话流程；或通过总结，结束一个话题的讨论；
- 准确进行会议记录，并展示记录内容，以保证讨论围绕主题。

即使会议看起来进展顺利，引导师也要定时进行以下流程检查：

- 询问参与者，感觉会议的进度如何，检查会议进度：

  "你认为会议进度过慢还是过快？如何改进？"

- 定时问参与者，方法是否有效，检查会议流程：

  "这个方法有效吗？我们是否需要尝试其他方法？"

- 解读参与者的肢体语言，检查其状态，可以问：

  "大家感觉如何？能量水平如何？"

引导结束

对会议不满情绪的最主要来源之一，就是未对之前会议中所做的承诺进行后续跟进。发生这种情况的原因包括：

- 会议结束时，未留出足够时间制定详细的行动计划；

- 行动计划过于庞大、不切实际；

- 未能预见计划实施中可能出现的问题并加以排除；

- 未能确定完成计划所需的资源；

- 未能对后续工作进行跟进。

为了克服以上问题，可以采用以下步骤：

- 帮助团队清楚陈述已经做出了哪些决定；

- 确保有详细的、符合实际情况的行动计划，对于每一步骤，都要标明负责人、预算、职责和日期等信息；

- 利用问题排除提纲（见后）进行讨论；

- 对会上未讨论的内容进行回顾，包括"停车场"里的内容，对其进行优先排序，并讨论未来如何解决；

- 帮助团队制定下一次会议的议程，包括提前浏览需要后续跟进的内容；

- 确定执行情况的汇报形式，如书面报告或口头汇报会；

- 帮助参与者确定由谁负责将活动挂图的内容进行转录；

- 对会议进行书面评估；

- 征求参与者的反馈；

- 澄清你在后续跟进环节承担的角色；

- 向参与者告别，对有机会进行引导表示感谢；

- 协助清理现场，最后离开。

行动策划

每一次引导结束时，客户都必须带着一份详细的行动计划，这是一条硬性原则。这些计划需要详细说明应该做什么、如何做、何时做、谁来做，以此保证参与者承担执行行动、向团队汇报的职责。

什么	如何	谁	何时
（行动）	（关键步骤）	（负责人）	（截止期限）

扫除行动计划的障碍

为了保证各步骤按照原计划完成，需要组织参与者进行一次讨论，以确定执行过程中所有可能的阻碍因素。通过这个讨论，可以帮助客户预测可能出现的障碍，并制定相应的策略。

以下问题有助于确定哪些地方容易出现问题：

- 计划中哪些方面最具难度、最复杂或最敏感？
- 什么突发事件会影响行动计划中各内容的优先排序？
- 可能遇到什么组织障碍？
- 哪些与技术或材料相关的问题，可能造成计划停止或推迟？
- 哪些与人相关的问题需要加以注意并处理？
- 团队成员不履行自己承诺的可能方式有哪些？

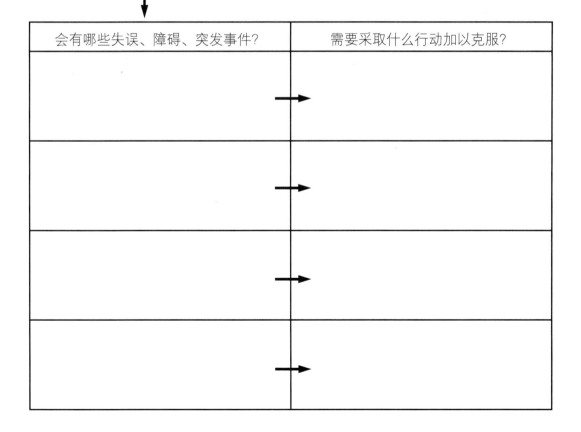

会有哪些失误、障碍、突发事件？	需要采取什么行动加以克服？

步骤5　跟进

对于大多数会议来说，对行动计划的全过程跟进都是薄弱点。常见的情况是，在开始阶段投入了很多努力，但是当会议结束后，精力和注意力都会转移到其他方面。

对于引导任务来说，这一点更为明显，多数引导任务随着主要讨论的结束而结束，对于外部引导师来说更是如此。这就意味着，大多数情况下，引导师对于会议的最终结果几乎没有控制或参与的权力。

对此，有两种可能的解决办法：一是引导师在任务中加入后续跟进环节；二是帮助客户建立全面的执行和反馈机制。

典型方式

- 引导师对活动挂图的内容进行转录；
- 准备总结报告，并提交给客户；
- 咨询师组织客户进行会后汇报活动，讨论会议成果和未来的合作机会。

主要目的

- 检查会议的结果；
- 对会后评价意见进行评估；
- 为客户提供反馈；
- 接收来自个人的反馈；
- 确定引导师如何协助执行相关活动；
- 讨论客户未来的引导需求，维护客户关系。

相关活动

- 书面总结会议记录；
- 给出、接收反馈；
- 当面拜访客户；

- 定期电话，检查进程；
- 会后汇报，参与者分享最新进展。

关键挑战

- 客户可能未按计划行动；
- 客户可能未对进程进行监督、反馈；
- 你的角色可能在会后就结束，无法帮助客户进行后续跟进；
- 作为团队外部成员，可能无法持续获得有关的进展信息。

常见误区

- 客户可能未实施各行动步骤；
- 客户可能缺少监控机制，无法持续监控行动步骤；
- 最终的书面评估内容缺乏诚信；
- 你可能不在他们的交流圈内，不知道行动计划进展情况；
- 你可能不具备在执行阶段承担角色的权力。

放弃引导任务的原因*

- 专业的引导师，如果需要放弃任务以保护自己的声誉，只能在取得结果之后；
- 只有在客户进行完整的汇报和评估之后，才放弃任务。

　　*在这个阶段提出要放弃这项任务的要求，似乎听起来很多余，因为它基本已经结束了。虽然在这个步骤要做的是保持后续跟进，但是确实也会存在退出的问题！大多数的客户会认为，会议结束时你的角色也随之终止，所以引导师经常需要协商继续延续自己的角色，以保证行动的实施。这对内部引导师来说更加重要，因为他们是在自己的组织内进行引导，跟进不力的后果，可能会对他们产生直接影响。

监控和评价结果

执行活动的职责需要由客户承担，所以引导师需要组织参与者进行一次讨论，策划周密的评价流程。

引导会议结束时需要提出一系列问题，保证监控和评价机制及时到位。以下是部分问题：

- 对于每个目标和期望成果，帮助团队确定成功的具体标志，可以提问：

    从现在开始六个月之后，如果我们期望的每个成果都得以成功实现，那将会是怎样的情形？

目标 ➡	期望成果 ➡	成功标志
➡	➡	
➡	➡	
➡	➡	
➡	➡	
➡	➡	

- 帮助团队建立机制，以收集执行数据或其他数据；
- 要求参与者讨论报告进展情况的方式和频率：

    ____书面报告

    ____口头更新信息

    ____汇报会议

    ____电子邮件更新信息

    ____电话会议

    ____其他

- 帮助参与者确定需要向谁提供最新信息，可以包括上级管理者、主要客户、其他部门的同事等。

进程报告

日期：_____　团队名称：_____

活动/主题：_____

现执行阶段：_____

已经完成的

完成的具体活动　　　　　　　　达成的结果

_____

_____

_____

还未完成的

还需完成什么内容？　　　由谁完成？　　　　完成时间？

_____

_____

_____

_____

意见

_____

_____

_____

_____

签名：_____

会议评价表

请匿名完成以下会议评价。

1．你认为这次会议取得了什么成果？请列出：

2．你个人喜欢这次会议的哪些方面？不喜欢哪些方面？

3．请向引导师提供一些个人反馈：

做得好的方面

需要改进的方面

4a．请对今天的会议进行整体评分：

1	2	3	4	5
失败	可以	满意	好	优秀

4b．请对你的整体评分进行说明：

第 **5** 章
引导师的基本流程

引导师作为流程角色的承担者，主要贡献就是为团队活动提供相应的结构框架，以促进有效的团队互动。本章中的流程图和注释将详细介绍这些通用流程中的具体步骤。

> 对于高级引导师来说，即使最常规的流程，他们也要了解所有的步骤，并知道如何开展。

需要注意的是，有些流程可能在一次引导会议中就全部完成。例如，为期一至两天的团队建设会议，在会议结束的同时，流程的所有步骤也全部完成。而在某些情况下，会议流程里会包含一些长达几周或几个月的讨论，如流程改进项目、重大变革活动等。在这些情况下，每个流程步骤中都会有几次引导会议。

与此类似，所列出的每个流程既可以应用到微观层面，也可以应用到宏观层面。例如，问题解决可以在 5 人小组里完成，也可以在 50 人的团队中进行。同样地，战略规划可以在单一部门内制定，也可以在整个组织内构思。但无论是哪种情况，引导师都需要确认活动的规模和范围。

　　由于实际情况的复杂程度、相关的组织动态都不尽相同，因此这里提供的示例只是一个高度的概括。实际应用时，还需要对它们进一步充实，进行定制化设计。

流程图分类：

策划流程

战略规划

变革管理

项目管理

标杆研究

优先排序

问题解决流程

大型团队问题解决

流程改进

调查反馈

双赢协商

关系建立流程

客户服务改进

建立新团队

新领导融入

冲突调解

教练辅导

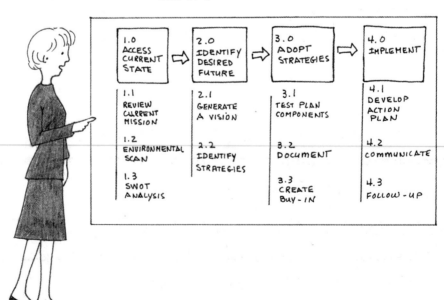

战略规划

定义：制定长期规划的参与性流程。

目的：利用关键利益相关方的输入信息和协作，制定详细的长期规划。

应用情境：当需要一个清晰的未来方向，并且非常有必要获得关键利益相关方支持时。

流程步骤

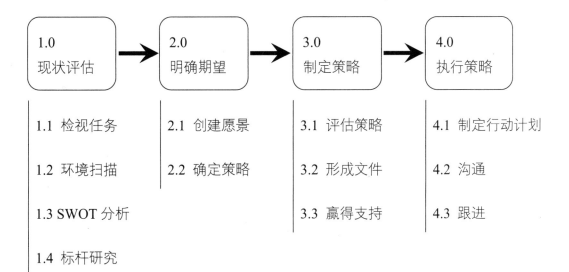

1.0 现状评估	2.0 明确期望	3.0 制定策略	4.0 执行策略
1.1 检视任务	2.1 创建愿景	3.1 评估策略	4.1 制定行动计划
1.2 环境扫描	2.2 确定策略	3.2 形成文件	4.2 沟通
1.3 SWOT 分析		3.3 赢得支持	4.3 跟进
1.4 标杆研究			

战略规划流程说明

1.0 现状评估

1.1 检视任务 组织关键利益相关方回顾过去对组织起指导作用的使命陈述，并对组织为完成其使命而采用的关键策略进行检视和评估。

1.2 环境扫描 广泛研究市场、行业或国家的趋势和模式，如果企业条件允许，可聘请咨询师、专家进行预测，有时也可以组织大型团队，进行环境扫描讨论，识别最可能对组织造成影响的趋势。

1.3 SWOT 分析 首先，与主要的参与者进行焦点小组讨论，全面分析当前的优劣势，确保收集足够的数据以保证分析结果的有效性，并与利益相关方一起对分析进行测试。

其次，讨论可能出现的威胁。先讨论当前的威胁及其应对方式，再讨论未来可能出现的威胁，并评估利用当前策略应对未来的威胁是否有效。

最后，讨论各种机遇。先讨论当前的机遇，再确定未来的机遇，并评估利用当前策略应对未来的机遇是否有效。

1.4 标杆研究 研究同一行业或不同行业的领先者、典型企业，对其进行实地调研，确定主要的成功因素，并与利益相关方进行分享。

2.0 明确期望

2.1 创建愿景 组织利益相关方参与愿景创建过程，鼓励参与者识别区别于过去的突破性进展，并要求他们想象组织的理想未来。

2.2 确定策略 清楚说明具体的操作策略，并对此进行充实，以协助组织制定新的愿景，再提取要点，形成新的使命陈述。

3.0　制定策略

3.1 评估策略　组织利益相关方检视策略中的各要素，以确保其可行性（成本、可行性、市场吸引力、执行难度等）。

3.2 形成文件　对整个过程进行书面总结，包括新的使命和策略。

3.3 赢得支持　不仅要与主要利益相关方分享新策略，也要告知其他重要参与者，即使这些参与者可能不属于流程的一部分，向他们解释新策略的主要特点，并解决潜在的抵制因素。

4.0　执行策略

4.1 制定行动计划　确定执行策略必须采用的所有具体步骤，分配职责，调整预算。

4.2 沟通　设计合理的沟通方式，使相关人员准确获知计划内容。

4.3 跟进　制定评价机制，跟踪、评价行动计划的有效性。

变革管理

定义：为发起和维持某项有计划的调整活动而设计的一系列步骤。

目的：使直接影响对象积极参与到调整活动中，而不是被动接受。

应用情境：当需要进行重大调整，并要获得利益相关方全力支持、积极参与时。

流程步骤

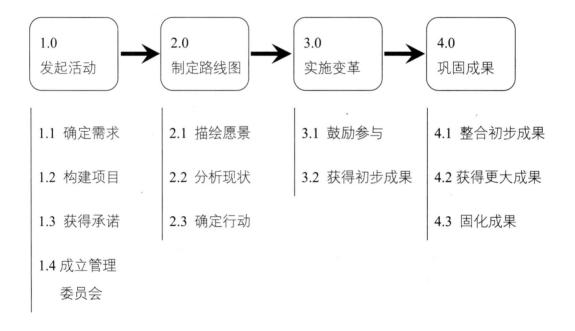

1.0 发起活动	2.0 制定路线图	3.0 实施变革	4.0 巩固成果
1.1 确定需求	2.1 描绘愿景	3.1 鼓励参与	4.1 整合初步成果
1.2 构建项目	2.2 分析现状	3.2 获得初步成果	4.2 获得更大成果
1.3 获得承诺	2.3 确定行动		4.3 固化成果
1.4 成立管理 委员会			

变革管理流程说明

1.0 发起活动

1.1 确定需求 由高层管理者、部门领导、负责具体产品或流程的团队提出变革需求。发起人一般通过以下方式强调需求的必要性：环境扫描、以竞争对手作为衡量基准、用行业领先者的成就证明等。

1.2 构建项目 为了避免片面性，变革发起人可能需要组织主要的决策制定者对优势、劣势、机会、威胁进行讨论（SWOT 分析），还需要收集业绩水平的相关数据，与行业优秀标准进行比较，并展示其结果。

1.3 获得承诺 发起人获得决策制定者的明确承诺，全力支持变革活动。

1.4 成立管理委员会 变革领导者寻求组织内其他领导者的支持，他们的积极参与对管理复杂的组织变革来说是非常必要的。管理委员会将作为具体变革活动的支持者，委员中的专业人士充当教练和顾问角色。

在这个阶段，需要聘请第三方的引导师，为讨论设计流程，协助管理员工、顾客和供应商的参与。

2.0 制定路线图

2.1 描绘愿景 通过在不同层级进行的引导讨论，勾画出变革后的画面，并对未来的期望、成果等进行详细描述。

2.2 分析现状 针对未来期望状态，用图表描述相应的当前状态。组织利益相关方确定当前状态和未来状态的差距，也可以利用力场分析，识别出当前情况下无效率的方面，从而导出变革需求。

2.3 确定行动 利益相关方进行头脑风暴，探讨各种策略，用以消除当前状态和理想状态间的差距。为了使变革活动既有坚实的基础，又有可操作性，需要保证详细的行动步骤、时间安排、相关资源、发起人的支持等落实到位。

3.0 实施变革

3.1 鼓励参与 变革事项、变革计划需要与可能受到影响的组织成员广泛分享，组织他们讨论并确认变革对他们的益处，也要让他们说出自己的担忧，并识别抵制因素。无论从实用性还是理想效果来看，这些做法都为即将进行的变革活动建立了广泛的参与基础。

3.2 获取初步成果 如果可行的话，先从变革活动列表中选择容易进行的内容，快速获得初步成效，以产生动力、强化支持。要对早期的成功进行庆祝。

4.0 巩固结果

4.1 整合初步成果 将变革活动的原则和方法纳入组织的规则、程序和规范中，并就这些变革进行沟通。调整组织的激励模式，使每一层级积极投入变革的人员都能获得认可。

4.2 获取更大成果 系统执行各项变革活动，对员工的努力付出给予书面认可。让员工集中在一起，分享所学到的经验教训，宣传最佳实践。对于员工在执行变革时所做出的努力，要保证高层支持者持续对其协助、指导和奖励。

4.3 固化成果 对于新的做法进行持续记载，并培养成功的适应者进行宣传；更新管理手册和流程，以适应变革；提供正式培训，分享变革活动中涉及的关键做法；对整个变革流程进行后续跟进，注意不要中途放弃而突然转向其他变革活动。

项目管理

定义：在有限的时间范围内，为执行具体项目、管理某个事件或制定新流程而设计的一系列步骤。

目的：激发团队成员的智慧和能量，迅速而有效地达成目标。

应用情境：管理某项活动，以便在既定的时间范围内达成具体成果。

流程步骤

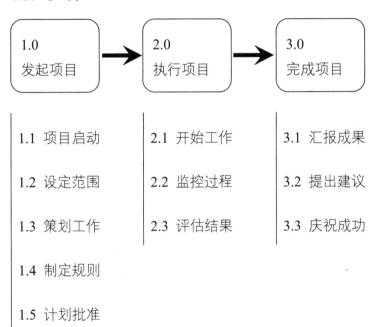

1.0 发起项目	**2.0** 执行项目	**3.0** 完成项目

1.1 项目启动　　2.1 开始工作　　3.1 汇报成果

1.2 设定范围　　2.2 监控过程　　3.2 提出建议

1.3 策划工作　　2.3 评估结果　　3.3 庆祝成功

1.4 制定规则

1.5 计划批准

项目管理流程说明

1.0　发起项目

1.1 项目启动　发起人确定某个项目需求，并确定项目的初始参数，设定大体时间范围，确定边界条件，初步制定预算，指定项目团队领导者和成员。

1.2 设定范围　项目团队会面，明确项目初始范围，设定项目的最终目标、重要的阶段目标，确定客户、利益相关方、组织的需求和要求。

1.3 策划工作　策划项目各步骤，并做实际验证。概述行动计划，包括详细的执行步骤；完善初始的时间安排，详细制定预算，以反映各项活动内容和预期支出。

1.4 制定规则　由项目团队制定规章制度，规范日常操作。规章制度的具体内容包括行为规范、技能要求、具体任务对应的职责等。

1.5 计划批准　将详细的项目计划、修改后的预算、团队规章制度提交给发起人/高管层审核。

2.0　执行项目

2.1 开始工作　团队成员根据详细的项目计划，执行各个行动步骤。

2.2 监控过程　团队成员利用在第一阶段制定的评估方法，对各项结果进行监控；团队定期举行会议，讨论工作进展，准备中期报告。发起人/主要利益相关方对工作进展做报告。

2.3 评估结果　团队对周围环境进行监控，确定项目所带来的影响；进行情况介绍、技能培训等活动，以确保其他人能够适应并且支持项目所带来的调整。

3.0　完成项目

3.1　汇报成果　为发起人/利益相关方撰写工作情况报告，内容包括项目产生的影响、已经完成的可衡量结果、时间安排、最终支出等。对于项目在某些方面的长期影响也要进行汇报，如产品创新、市场份额、操作的可行性、成本节约、关键流程的效率、客户关系、公司形象等。

3.2　提出建议　提出附加活动，以支持项目所带来的变革。客观面对项目中的失败，总结经验教训；提出关于评价或其他后续跟进活动的建议。

3.3　庆祝成功　回顾所有项目结果，对于团队成员的成功给予相应的奖励。

标杆研究

定义：评估和借鉴其他组织最佳实践的过程。

目的：对于已在其他组织体现出价值的优秀创新，进行识别、记录、转化。

应用情境：作为独立的活动，或战略规划、流程改进活动的一部分。

流程步骤

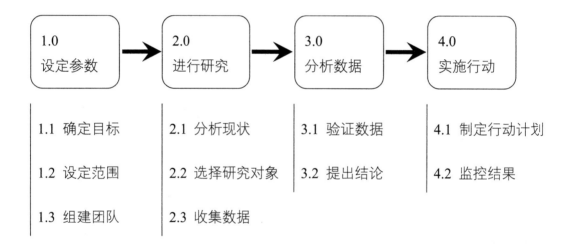

1.0 设定参数	2.0 进行研究	3.0 分析数据	4.0 实施行动
1.1 确定目标	2.1 分析现状	3.1 验证数据	4.1 制定行动计划
1.2 设定范围	2.2 选择研究对象	3.2 提出结论	4.2 监控结果
1.3 组建团队	2.3 收集数据		

标杆研究流程说明

1.0 设定参数

1.1 确定目标　明确进行标杆研究的目的，包括寻找创新点、解决问题、优化流程、缩减成本等。

1.2 设定范围　确定创新应用的最终用户，需要在预算、时限、人力三方面都满足实施创新应用的条件。

1.3 组建团队　寻找具备相应技术、技能的成员加入团队，以便进行标杆研究。争取高管人员的支持，以便协助联系其他组织。

2.0 进行研究

2.1 分析现状　收集数据，找出具体的问题、差距，针对这些情况，制定创新解决方案，并描绘当前操作的效率、有效性和质量。

2.2 选择研究对象　利用收集的数据，选择要研究的具体流程或产品，调查数据库、期刊和专业组织，寻找潜在的最佳实践模式资源，争取研究最佳实践操作的机会。

2.3 收集数据　通过问卷调查、实地考察、采访最佳实践者、行为观察等方式收集数据，收集的数据可以包括节约成本、节约时间、灵活性、降低失误率、节约人力、产品改进、具体流程改进等。标杆研究也可以用于市场领域的创新，其着眼点在于品牌、文化、响应速度、客户满意度、行业趋势等方面。

3.0 分析数据

3.1 验证数据　通过检查和确认所收集的信息，对调查结果进行验证。将研究对象的组织变量与本组织进行对比，比较其相似程度，确定是否适合进行借鉴。可以考虑再寻找其他组织，对同一最佳实践进行检测，确定其在不同环境下的运行情况。

3.2 提出结论 确定组成最佳实践的核心原则、主要特性、关键活动，评估借鉴的可能性，并确定实施所需的支持条件。将结论内容推荐给利益相关方。

4.0 实施行动

4.1 制定行动计划 制定详细的实施计划，确定将要借鉴的最佳实践、可衡量的成功标志、时限、所需资源、实施负责人、能够支持借鉴流程的高管等。

4.2 监控结果 整个执行过程中，跟踪进展，定期向利益相关方汇报成果，在组织内推荐更多的最佳实践。

优先排序

定义：在削减预算或项目时，组织利益相关方对各内容进行优先级排序的结构化流程。

目的：获得与被削减活动直接相关者的认识与见解，以获取支持、接受削减活动。

应用情境：在需要组织利益相关方参与敏感的削减活动，而不是由管理层直接决定其优先排序时，可应用此流程。

流程步骤

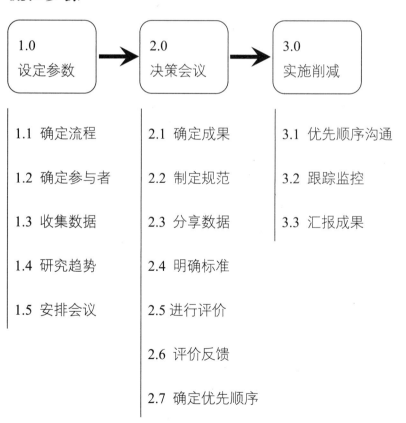

1.0 设定参数	2.0 决策会议	3.0 实施削减
1.1 确定流程	2.1 确定成果	3.1 优先顺序沟通
1.2 确定参与者	2.2 制定规范	3.2 跟踪监控
1.3 收集数据	2.3 分享数据	3.3 汇报成果
1.4 研究趋势	2.4 明确标准	
1.5 安排会议	2.5 进行评价	
	2.6 评价反馈	
	2.7 确定优先顺序	

优先排序流程说明

1.0 设定参数

1.1 确定流程 描述参与优先排序的流程步骤，明确要求员工参与制定削减的益处：能够获得高层、一线员工的支持。

1.2 确定参与者 识别在优先排序活动中起积极作用的人，确保优先排序的有效性，争取人们对提议的支持。如果利益相关方太多，会议不易管理（如 50～60 人），则组建一个核心团队。对于无法参加优先排序会议者，则应用焦点小组或调查问卷等方式，以获得其输入信息。

1.3 收集数据 组织核心团队收集关于当前运行情况的信息。为保证数据收集的一致性，应首先确定研究标准。所需的数据可从以下方面收集：不同项目或活动的成本收益比、客户对于当前产品、项目或服务的感知等。

1.4 研究趋势 为了做出明智的项目或预算削减，还需要收集关于未来趋势、竞争力、客户期望的变化、新技术等方面的数据。

1.5 安排会议 收集足够的数据，并和所有利益相关方分享，之后再邀请关键人员参加优先排序会议。

2.0 决策会议

2.1 确定成果 公开说明优先排序活动里可以协商和不可协商的方面，明确团队的授权等级、高管层对团队决策权的承诺，组织利益相关方对成功的标志进行确定，向大家提问："对于流程中不可协商的方面，什么情况下你会认为这个流程是成功的？"列出团队成员所确定的成功标志，在会议结束时，利用它们衡量流程是否成功。

2.2 制定规范 组织参与者为优先排序活动制定基本规则，提出一系列问题，为活动创造一个安全环境，概述如何处理敏感问题。综合成员的意见，张贴最后所得的规则，以促进整个讨论过程中的有效行为。

2.3 分享数据　要求参与者展示削减所涉及的项目、预算、流程等方面的信息，并分享关于未来趋势的信息。

2.4 明确标准　组织参与者制定决策表格，对目前的各个备选项进行排列。制定打分标准，对项目或活动进行打分，可选的标准包括成本/收益、对客户的重要性、对战略方向的支持度、优势等，对每个标准分成高、中、低三个等级。

2.5 进行评价　标准确定之后，小组检视并且讨论各个备选项，然后利用多重投票法确定小组内的优先顺序，综合所有小组的排序情况，得出总的优先排序名单。

如果有必要获得整个组织的支持，则全体利益相关方可以利用调查问卷或焦点小组的方式对备选项进行排序。

2.6 评价反馈　将排序情况制成表格，并将结果反馈给核心团队或焦点小组，确保结果的有效性，而且能够被大家所接受。

2.7 确定优先顺序　根据排名情况，确定备选项的高、中、低等级；请核心小组对各得分情况解释说明，并对削减活动的范围和性质提出详细建议；请利益相关方制定执行策略，以控制削减活动对客户、组织运行和员工带来的负面影响，保持各方对组织的积极支持。

3.0　实施削减

3.1 优先顺序沟通　向利益相关方报告排序过程和执行过程的详细信息，根据计划，实施削减。

3.2 跟踪监控　确定成功的主要标志，组织利益相关方参与跟踪实施过程；举行评估会议，浏览结果数据，确定相关变革带来的正面与负面影响，对在此过程中得到的经验进行反思。

3.3 汇报成果　形成报告，回顾削减活动、参与优先排序过程的效果，提出后续的行动计划。

大型团队问题解决

定义：将基本的系统性问题解决模型应用到 30 人以上的团队中。

目的：使组织能够从整体系统的角度观察某一流程或步骤，争取利益相关方的支持，使其在执行阶段积极参与。

应用情境：当需要对某一运行流程进行全面检查，以进行改进，并需要使所有的关键利益相关方参与到这一检查活动中时。

流程步骤

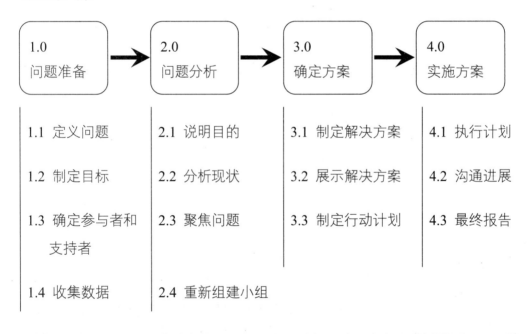

1.0 问题准备	2.0 问题分析	3.0 确定方案	4.0 实施方案
1.1 定义问题	2.1 说明目的	3.1 制定解决方案	4.1 执行计划
1.2 制定目标	2.2 分析现状	3.2 展示解决方案	4.2 沟通进展
1.3 确定参与者和支持者	2.3 聚焦问题	3.3 制定行动计划	4.3 最终报告
1.4 收集数据	2.4 重新组建小组		

大型团队问题解决流程说明

1.0　问题准备

1.1　定义问题　问题解决活动的需求由关键利益相关方提出，并与了解当前运行情况的人进行交流，对问题做出初步定义。获得批准后，与大团队一起解决问题。

1.2　制定目标　在对问题做出初步定义之后，流程负责人确定问题解决活动的目标。

1.3　确定参与者和支持者　流程负责人根据问题的定义，并基于对活动范围的初步评估，组建一个由引导师组成的小团队，负责策划和领导整个过程，每位引导师负责一个 6～10 人的小组。

引导师团队接下来需要确定问题解决活动的参与者，可能包括流程参与者，也可能包括客户和供应商等组织外部人员，并确定 5～10 名高层管理者作为流程负责人，以对执行活动提供支持。

1.4　收集数据　在举行问题解决会议之前，要进行广泛的研究，以便收集数据。这种研究可能涉及很多活动，如记录业绩数据、收集成本/收益信息、组织内外部客户和供应商进行焦点小组讨论、梳理当前流程等。总结各项数据，并与参与者分享。

2.0　问题分析

2.1　说明目的　收集到足够数据之后，由参与者组成的大团队聚集在一起，进行为期一整天的问题解决讨论。

讨论开始时，流程负责人向团队说明活动的挑战与目标。回顾流程的各个步骤，确定规范并获得团队的认可，以鼓励自由发言、激发创造性。支持者描述团队被赋予的权力，以保证团队能够提出各种建议，同时表达上级管理层对团队的支持。

2.2 分析现状　开始的说明环节结束后，上级管理层代表离场，会议暂停 90 分钟，由不同参与者组成各个混合小组，在引导师的帮助下，每个小组都要关注会议的整个流程或运行情况。利用力场分析，确定当前的流程或运行中，哪些方面有效、哪些方面无效。

力场分析结束后，每个小组利用多重投票法对"无效"内容进行排序，每一组指定一名发言人。

2.3 聚焦问题　各小组再次聚集在一起，恢复团队讨论的形式，小组发言人快速说明本小组的"有效"列表和排序之后的"无效"列表。在参与者休息时，各位引导师对所有"无效"列表进行合并，删除重复的内容，对于有重叠的内容进行澄清、合并。

2.4 重新组建小组　根据原团队的大小，将列表中的前 5～10 条内容贴到墙上，每条内容都贴上签名表，每个签名表允许 6～10 人组成小组。当休息结束、参与者返回会议室时，对排名靠前的内容进行简单的回顾，确定所选内容正确与否，然后要求参与者在每个签名表上签名，加入各个问题解决小组，注意确保每个问题解决小组都包含了合适的参与者。

3.0　确定方案

3.1 制定解决方案　重组的各小组转移到私密的地点，着手解决分配给本组的问题。在引导师的协助下，小组成员先对他们的问题进行彻底的分析，然后再头脑风暴出问题解决方案。利用投入/产出表对各解决方案进行排序。

3.2 展示解决方案　各小组回到会议室，轮流展示他们的解决方案。作为支持者的高层管理者也返回会议室，听取小组对本组方案的说明，并现场批准某些具体的行动步骤，同时承担具体活动的支持者角色。

3.3 制定行动计划　在所有小组都展示了本组的行动计划、获得批准并且得到高层经理的支持后，开始进入策划阶段。针对具体的活动，分配相应的角色和职责，小组成员针对本组承担的任务内容写出详细的行动计划。

4.0　实施方案

4.1　执行计划　在一天的问题解决会议结束时，引导师汇集所有行动计划，并进行转录；快速准备总结报告，并递交给所有利益相关方。立即按照计划执行各个行动步骤。

4.2　沟通进展　问题解决会议结束后的 6~8 周，流程负责人召集所有利益相关方和支持者。参与者集中在一起，用几小时的时间彼此分享最新的进展情况。对于已经完成的活动所产生的结果，进行简短的总结；对于仍在进行中的工作进行回顾；对于停滞不前的活动，另行安排策划会议，以使其继续向前推进。

4.3　最终报告　流程负责人监控正在进行中的活动，跟踪其结果，并定期与所有参与者沟通。所有活动都完成后，制作最终报告，确认活动的收获，并总结经验教训。

流程改进

定义：为了提升流程效率、效果和质量而采取的一系列步骤。

目的：利用关键利益相关方的智慧，确定问题，找出创造性的解决方案。

应用情境：当某一流程运行情况不佳时。

流程步骤

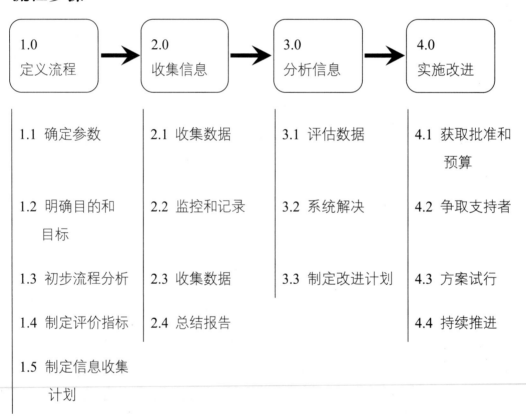

1.0 定义流程	2.0 收集信息	3.0 分析信息	4.0 实施改进
1.1 确定参数	2.1 收集数据	3.1 评估数据	4.1 获取批准和预算
1.2 明确目的和目标	2.2 监控和记录	3.2 系统解决	4.2 争取支持者
1.3 初步流程分析	2.3 收集数据	3.3 制定改进计划	4.3 方案试行
1.4 制定评价指标	2.4 总结报告		4.4 持续推进
1.5 制定信息收集计划			

流程改进流程说明

1.0　定义流程

1.1　确定参数　确定需要改进的流程，描述当前流程的主要特点和步骤。利用自上而下或基于活动的流程图，描述当前流程的每一个步骤。绘制流程图时，要综合流程的主要参与者和利益相关方提供的信息，以保证其准确性。

1.2　明确目的和目标　确定改进活动的整体目的，写出具体目标，以反映预期最终状态的具体特点。

1.3　初步流程分析　组织委员会成员和主要利益相关方进行讨论，描述当前流程的运行情况，包括主要步骤、每个步骤的时间范围、有效因素、薄弱环节等。

1.4　制定评价指标　制定一组业绩评价指标，用以指导进行信息收集。确定需要收集的信息，包括：效率相关信息，如单位/成本、人力成本、材料成本等；有效性相关信息，如客户满意度等；质量相关信息，如流程要素的持久性，可靠性、故障率等。

1.5　制定信息收集计划　确定各类信息的收集人、具体的时间，同时确定信息收集和汇报的方式，建立信息收集和记录机制。

2.0　收集信息

2.1　收集数据　研究当前流程，记录关于成本、时间、投入、产出、故障、废弃、返工和常见问题等方面的信息。进行问卷调查，组织供应商、客户、流程参与者和高层管理者进行焦点小组讨论，以了解有效因素，并与其他流程或行业领军者进行标杆对比。

2.2　监控和记录　通过一系列研究，收集某一特定时段的流程数据，并利用检查表、控制图、柱状趋势图和散布图等工具，对性能数据进行监控和记录。

2.3 收集数据　收集数据，制作总结报告，可以利用数据开发软件处理这些信息。

2.4 总结报告　制作总结报告，描述当前状态。将报告递交给主要的流程参与者和利益相关方，供其查阅。

3.0　分析信息

3.1 评估数据　邀请主要的过程负责人和利益相关方参加数据评估会议。确定评估有效性的关键指标，利用鱼骨图等工具确认需要改进的方面；利用多重投票、多维决策矩阵等工具对问题、障碍进行重要性排序。

3.2 系统解决　按照问题解决模型的各步骤，解决妨碍当前流程有效性的首要问题。

3.3 制定改进计划　邀请主要流程负责人和利益相关方，确定改进计划，计划内容包括问题解决会议、标杆研究、焦点小组中提出的行动；制定明确的责任，确定时间范围，并建立后续跟进、评估改进机制。

4.0　实施改进

4.1 获取批准和预算　保证改进计划有充足的资金做支持，并获取有关方面的批准，包括高层管理者、主要利益相关方、重要流程负责人，如供应商、客户等。

4.2 争取支持者　至少争取一位高管作为改进活动的支持者，支持者将为改进活动移除障碍，帮助获得特殊批准和额外资金，游说重要决策人。

4.3 方案试行　试验改进策略，对结果进行监控、测量、评估，并向高层管理者和主要利益相关方汇报结果。

4.4 持续推进　利用试运行所获得的数据，对初步结果进行汇报，并完善改进计划；邀请流程改进委员会参与修改执行计划；向主要利益相关方提出建议，获得所需的其他批准；如果有需要，争取额外资金；进一步实施推进。

调查反馈

定义：一种团队流程，包括生成数据、反馈给团队成员、解读数据、采取行动等活动。

目的：为团队提供一种评估当前运行情况并做出相应改进的方法。

应用情境：当需要通过数据促成强制性的变革需求时。

流程步骤

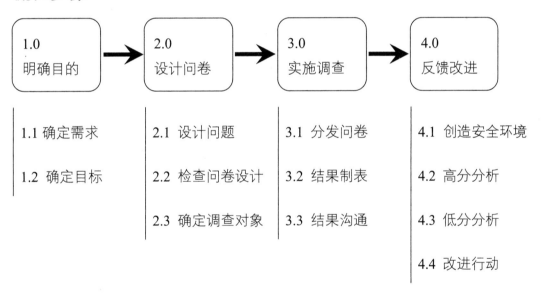

1.0 明确目的	2.0 设计问卷	3.0 实施调查	4.0 反馈改进
1.1 确定需求	2.1 设计问题	3.1 分发问卷	4.1 创造安全环境
1.2 确定目标	2.2 检查问卷设计	3.2 结果制表	4.2 高分分析
	2.3 确定调查对象	3.3 结果沟通	4.3 低分分析
			4.4 改进行动

调查反馈流程说明

1.0 明确目的

1.1 确定需求　帮助客户确定调查问卷的重点。调查问卷可以用来评估组织气氛、员工士气、顾客满意度、产品质量、流程效率、团队有效性等方面。组织不同利益相关方进行面谈和焦点小组讨论，以确定哪些问题或情形需要加入调查问卷之中。

1.2 制定目标　请客户和利益相关方说明，需要利用调查问卷完成什么内容。例如，想要得到什么信息？理想情况下，通过流程能做出什么改进？产生什么其他结果？

2.0 设计问卷

2.1 设计问题　根据收集的数据，制定问题的初步范围，设计的问题数量要多于调查问卷的所需。

2.2 检查问卷设计　将设计的问题分发给利益相关方，请他们浏览这些问题并进行确认，以满足活动的需求和目标。

2.3 确定调查对象　与产品/流程负责人、主要决策者和其他利益相关方进行面谈，确定调查对象，并确认填写问卷时是否需要匿名。

3.0 实施调查

3.1 分发问卷　向调查对象发送问卷，并说明如何将填好的问卷返回。如果问卷是通过网络或组织内部网进行的，则要向调查对象详细说明填写问卷的时间、方式。

3.2 结果制表　收回调查问卷，在一张问卷表上将各数据制成表格，注意不要根据自己的理解阐释所得结果。

3.3 结果沟通　与调查对象分享原始数据。

4.0 反馈改进

4.1 创造安全环境　在反馈对话开始时，组织参与者在安全的氛围下讨论。提出问题，引导团队逐步确定他们能够自由给出、接收反馈的条件。

4.2 高分分析　邀请调查对象参与会议，浏览调查问卷数据。首先列出所有评分较高的问卷问题，简单浏览每个问题后，再向调查对象提问：他们为什么对这一项内容给予肯定的回答，并将原因记录下来。

4.3 低分分析　在分析阶段结束后，将注意力转移到得分较低的答案上，再向调查对象提问：他们为什么对这一项内容给予较低的分数？组织参与者就如何提高这些分数进行思考，集思广益。*

*如果团队人数足够多，则将参与者分成 3~6 人小组，让每个小组都着手解决一条得分较低的项目。通过这种方式，可以在短时间内解决更多问题，同时在某种程度上这也是一种匿名方式，可以保护参与者的隐私。

4.4 改进行动　进行全体会议，各小组分享本组关于改进的想法。针对每条评分较低的内容，利用多重投票法选出排名前三的改进建议。确认做出的选择，让各小组制定行动计划，其中需要包括个人应承担的角色和职责；总结已经确定的行动计划，向所有被调查者和利益相关方公布相关内容。

双赢协商

定义：一种合作方法，旨在通过协商达成双方都赞同的协议。双方不再像对手一样博弈、分出胜负，取而代之的是，双方成员作为一个团队一起合作，达成一个"双赢"的协议。

目的：达成每位成员都支持的长期协议，使双方都有积极成果。

应用情境：当需要避免"输/赢"模式或竞争性博弈破坏工作关系时。

流程步骤

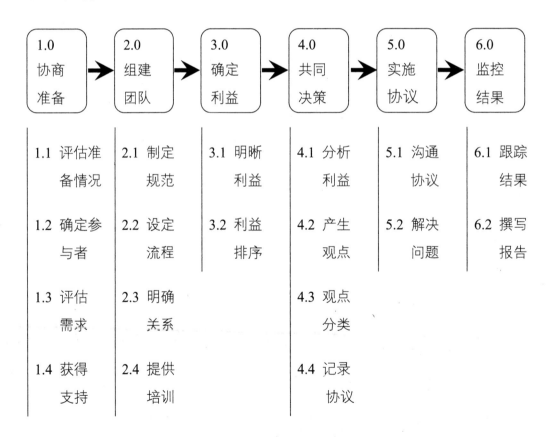

1.0 协商准备	2.0 组建团队	3.0 确定利益	4.0 共同决策	5.0 实施协议	6.0 监控结果
1.1 评估准备情况	2.1 制定规范	3.1 明晰利益	4.1 分析利益	5.1 沟通协议	6.1 跟踪结果
1.2 确定参与者	2.2 设定流程	3.2 利益排序	4.2 产生观点	5.2 解决问题	6.2 撰写报告
1.3 评估需求	2.3 明确关系		4.3 观点分类		
1.4 获得支持	2.4 提供培训		4.4 记录协议		

双赢协商流程说明

1.0 协商准备

1.1 评估准备情况　进行问卷调查，确定组织是否做好准备采取双赢协商。利用调查反馈流程，组织参与者把结果制成表格，确定策略，处理得分较低的内容。

1.2 确定参与者　确定协商团队的成员，并明确由谁担任支持者，帮助团队消除任何限制进程的障碍。

1.3 评估需求　进行需求评估，确定协商团队的成员以及其他人需要发展哪些技能，包括双赢理念、会议技能、冲突处理、有效团队行为、团队决策等。

1.4 获得支持　将主要的参与者汇集在一起，要求他们做出承诺，协商过程中不会恶性竞争；引导讨论，制定规范，创造双赢的环境，并为协商团队和其他利益相关方建立承诺，遵守规范。

2.0 组建团队

2.1 制定规范　将协商团队的成员组织在一起，帮助他们互相了解，介绍双赢过程如何进行，浏览重要的参数并发现问题，解决成员的担忧，加强成员的互相支持。协商团队也需要制定详细的规章制度，以规定团队成员在有争议、有挑战性情况下，该如何表现。

2.2 设定流程　确保流程维持双赢局面，不会回到立场之争，参与者需要详细讨论双赢方法的特点，承诺维护这些特点，并定期利用它们来检查过程的有效性。

2.3 明确关系　双方代表进行"需求与给予"对话，协商团队的其他成员也要加入其中，并且就如何维持关系达成一致。

2.4 提供培训　根据早期进行的培训需求评估，组织学习活动，重点内容可以是个人学习，以了解如何参与团队活动，也可以是团队工作坊，以培养沟通技能。双赢协商模型强调团队工作，所以团队建设培训是这个阶段的重要组成部分。

3.0 确定利益

3.1 明晰利益　请参与者列出需要由协商团队解决的各项利益及事项，确保清楚每项内容的含义，并且不要只关注"大家是否同意"。

3.2 利益排序　在列出所有利益项之后，制定标准，进行打分，标准包括以下三个维度：复杂性、制定达成一致方案的难度、解决问题需要的额外工作量。对于每一标准，对每个利益项按照高、中、低进行打分排序，在完成排序之后，制定解决问题的时间表。

4.0 共同决策

4.1 分析利益　从复杂度最低、最不具争议性的利益项开始，借鉴问题解决过程的各步骤，引导讨论，对当前情况进行全面分析。

4.2 产生观点　在所有团队成员都清楚了解利益内容之后，利用头脑风暴等不会产生两极分化的团队流程产生一系列观点，加以解决。

4.3 观点分类　利用多维决策矩阵或投入产出表，确定最具潜力的观点。

4.4 记录协议　对每个问题所做的协议进行书面总结。

5.0 实施协议

5.1 沟通协议　举行讨论，与各利益相关方分享协议的有关信息，并通过焦点小组、调查问卷等方式，为利益相关方创建成果评价机制。

5.2 解决问题　识别阻止协议实施的各项因素，制定行动计划加以解决，并获取支持者帮助，以克服这些障碍。

6.0 监控结果

6.1 跟踪结果　制定结果评价机制，并利用调查问卷测量利益相关方的满意度。

6.2 撰写报告　撰写最终报告，记录合作的流程、取得的成功、面临的挑战、获取的经验等。

客户服务改进

定义：为提高内部或外部客户的服务质量而采取的一系列步骤。

目的：通过改进客户服务，提高顾客忠诚度。

应用情境：收到顾客投诉、顾客群体被侵蚀、主动改进顾客关系。

流程步骤

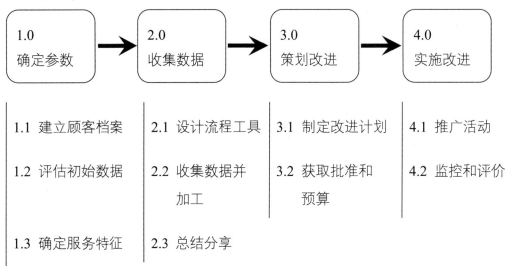

1.1 建立顾客档案	2.1 设计流程工具	3.1 制定改进计划	4.1 推广活动
1.2 评估初始数据	2.2 收集数据并加工	3.2 获取批准和预算	4.2 监控和评价
1.3 确定服务特征	2.3 总结分享		
1.4 设定目标			
1.5 组建团队			

客户服务改进流程说明

1.0　确定参数

1.1　建立顾客档案　确定需要进行服务改进的顾客群，并说明选择的原因，可能包括收到服务投诉、加强合作关系、建立新的合作关系等。向拥有充足顾客信息或一手资料的人员咨询，收集关于顾客的初始数据，包括统计数据、核心价值观/信念、态度、社会习惯/规范、喜好、需求和期望等。

1.2　评估初始数据　对于现存顾客，根据过去了解的信息，描述可能出现的挑战和问题；对于新顾客，研究其基本信息，收集更多关于这一类顾客的信息。

1.3　确定服务特征　定义优质服务的特征，据此确定改进活动的整体目标。这些特征可以分成以下两类：

　　1）流程要素所描述的特征，如针对提供的产品/服务而设定的质量标准、时间标准、流程标准、灵活性原则、沟通标准/问题解决原则等。

　　2）个人要素所描述的特征，如实体环境的布置、产品、人、对顾客的态度、展示的机敏程度、销售手段、处理顾客需求的方式等。

1.4　设定目标　利用初始数据和服务特征作为参考，帮助团队确定具体、可衡量的目标，需要在整个活动中完成。

1.5　组建团队　确定负责人，进行顾客服务研究并实施调查结果。如有可能，还要指定部分团队成员，在首次执行阶段结束后继续与顾客保持联系，同时确认上级管理层代表，听取活动情况汇报，并负责改进。

2.0　收集数据

2.1　设计流程工具　利用设计的调查问卷收集顾客信息，如需利用焦点小组，则设计焦点问题和流程。如初始数据显示，存在内部生产问题，则组建流程改进团队，绘制现有流程，以确定问题所在。

2.2 收集数据并加工　收集数据，做总结报告，并利用数据开发软件对信息进行加工。

2.3 总结分享　做总结报告，描述顾客需求和派送要求；在组织内向流程参与者分享报告内容。

3.0　策划改进

3.1 制定改进计划　组织团队成员和内部服务提供者参加会议，评估调查结果，提出建议，并制定详细的行动计划；制定清晰的责任制度，针对服务改进活动所产生的影响，建立持续的监督和评价机制。

3.2 获取批准和预算　保证改进计划有充足的资金，并征得高层管理者的批准；获得顾客服务联系人员的支持，在适当情况下，在顾客中对计划进行测试。

4.0　实施改进

4.1 推广活动　设计宣传工具，对顾客服务活动进行宣传；为联系人员提供顾客服务技能的培训；对内部流程进行必要改进。

4.2 监控和评价　建立相关机制，根据之前确定的服务特征对顾客服务进行追踪对比，如持续面谈、调查表、对投诉和错误进行监控等；就改进活动所产生的影响进行汇报。

建立新团队

定义：一系列有组织的讨论，旨在建立一个特征明显、能够建立合作关系的新团队。

目的：为团队制定清晰的框架，获取成员的支持，增进彼此的工作关系。

应用情境：为新团队组织第一次会议时。

流程步骤

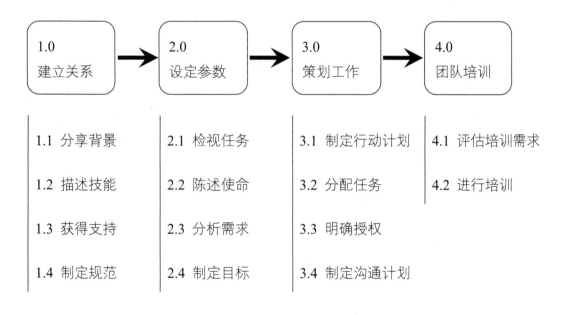

1.0 建立关系	2.0 设定参数	3.0 策划工作	4.0 团队培训
1.1 分享背景	2.1 检视任务	3.1 制定行动计划	4.1 评估培训需求
1.2 描述技能	2.2 陈述使命	3.2 分配任务	4.2 进行培训
1.3 获得支持	2.3 分析需求	3.3 明确授权	
1.4 制定规范	2.4 制定目标	3.4 制定沟通计划	

建立新团队流程说明

1.0 建立关系

1.1 分享背景 组织团队成员分享自己的背景信息，如教育、工作经历、家庭生活、爱好、职业目标、个人目标等，以打破沉默的局面，建立人际关系。

1.2 描述技能 要求团队成员填写个人技能表，以便在第一次会议上与其他成员共享。技能表内容可以包括专业技术、沟通能力、团队领导能力、人际交往能力等。通过这一活动，可以确认团队内有哪些有用的资源，也可以为后期的工作策划讨论提供信息。

1.3 获得支持 组织团队成员分享个人的想法，希望从新的团队中获得什么？再问大家：团队的成功如何帮助他们实现个人或职业的目标？团队工作如何丰富他们的工作经历？

1.4 制定规范 组织团队成员进行关于团队规范的讨论，提出与规范相关的具体问题，帮助团队确认如何处理观点不一致、跑题、参与度低等问题。记录团队规范，并将其贴在会议室内，在会议结束后，要保证所制定的规范让所有成员知晓。

2.0 设定参数

2.1 检视任务 为团队成员提供所有与团队有关的可利用信息，如团队的创建人、创建团队的原因、团队的顾客群、团队的特殊调整、期望结果、完成具体成果的时限、预算、期望的团队组建时长、团队所具有的整体权力等。

2.2 陈述使命 组织团队成员设计具体的使命陈述，其中要考虑团队所设定的各个参数。推动讨论，让团队成员用一两句话来概括使命陈述，并体现出新团队旨在实现的结果、他们工作的特殊或独特之处等。先让团队成员独立思考或和一位搭档合作，然后再扩展到整个团队。记录所有的主要文字和概念，将最终陈述的书写任务分配给一到两位成员。

2.3 分析需求　评估利益相关方需求，分析需要完成的工作，并详细列出团队所要面对的各项挑战。

2.4 制定目标　为所有的主要活动制定具体、可衡量、有时限的目标，以及每个目标的期望成果、时限。

3.0　策划工作

3.1 制定行动计划　对于每个具体目标，制定行动计划，确认时间节点、工作内容、产出成果。为每个项目分配具体的预算及其他资源，并确认每项行动跟进和监督。

3.2 分配任务　检视团队成员的技能和目标，确定每项行动内容所涉及的相对难度系数和工作量（高、中、低），为团队成员分配相应的行动任务，尽量保证工作量的平衡。

3.3 明确授权　针对每项行动内容，确定相应的决策权力，以便有效管理任务；团队成员是否有权决定行动？某些具体行动内容是否需要单独申请批准？对此做出说明。如果有必要申请更多的权力，需准备充分的理由，向管理层汇报，并请求给予适当的权力。

3.4 制定沟通计划　确定谁必须了解团队的进程；对于各利益相关方利益相关者，确定他们是否需要收到书面或口头报告，以及报告的性质和时间安排，同时确定团队会议的时间安排和频率。

4.0　团队培训

4.1 评估培训需求　根据团队的目标和行动计划，确定所存在的各项技能差距。

4.2 进行培训　执行行动计划需要一定的专业技能，既要安排个别团队成员接受相关方面的培训，也要安排团队一起参加主题培训，如会议管理、引导技能、决策、冲突管理等团队技能。

新领导融入

定义：为现有团队和新领导建立关系而进行的对话，是一次沟通过程，鼓励参与者分享自己对于目标、挑战、风格和文化的期望。

目的：使新的领导者平稳地融入现在的团队中，从而将对团队工作效率的影响降到最低，并使团队成员和新领导者快速互相熟悉、建立信任。

应用情境：当已成立的团队或部门将要有新领导者加入时。

流程步骤

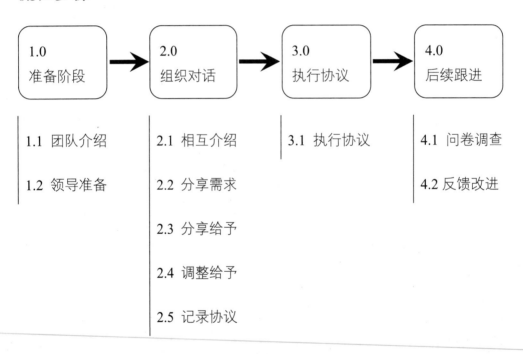

1.0 准备阶段 → 2.0 组织对话 → 3.0 执行协议 → 4.0 后续跟进

1.1 团队介绍

1.2 领导准备

2.1 相互介绍

2.2 分享需求

2.3 分享给予

2.4 调整给予

2.5 记录协议

3.1 执行协议

4.1 问卷调查

4.2 反馈改进

新领导融入流程说明

1.0　准备阶段

1.1　团队介绍　在新领导的任免通知公布之后、新领导与团队成员见面之前，团队成员先开会讨论，准备团队的简介。需要讨论的内容包括：我们是谁？我们团队的目的、员工/技能、产品/服务分别是什么？我们在什么方面做得非常优秀？我们最自豪的是什么？我们做得优秀的原因是什么？我们做得欠缺的方面是什么？如何改进？接下来的半年、一年、三年里我们将要面对什么？在什么领导风格下我们的工作效率最高？为什么？对于各种具体活动，我们具有的相应的权力是什么？怎样的权力便于我们高效运行？为了有效工作，新领导需要给予我们什么？

1.2　领导准备　将团队材料递交给新领导，以使领导对其进行研究，同时领导根据自己的背景，也应准备一份类似材料。

2.0　组织对话

2.1　相互介绍　团队和新领导会面，进行 2～3 小时的会议。团队成员做自我介绍，介绍自己的情况，新领导也要做这样的介绍。之后，回顾团队介绍里的每条内容，新领导对每条内容做出合理的评论。团队提出的障碍在这次会议上暂不给予解决，而是留到问题解决会议上再做处理。

2.2　分享需求　完成介绍后，对团队和领导的需求进行检视，将两者的需求分别列在不同的活动挂图上，新领导拿到团队成员的需求列表，并离开会议室。当双方分开时，彼此讨论自己的给予，双方在活动挂图上记录自己的给予。

2.3　分享给予　领导拿着写有给予的活动挂图返回会议室，浏览每条内容，再由团队成员向领导展示自己能够给予的内容。

2.4　调整给予　在浏览所有给予内容之后，进行讨论，并对这些内容进行说明，提出需要调整和增加的内容，确定最终的给予列表。

2.5 记录协议 在所有人员都表明自己接受最终确定的给予之后，将其打印出来，分发给各位成员，这份给予列表就是团队和新领导之间关系的协议。

3.0 执行协议

3.1 执行协议 安排 3~6 个月的时间，期间双方开始共同工作。

4.0 后续跟进

4.1 问卷调查 在上述确定的时长结束时，将双方的给予内容转换成一份调查问卷，请团队成员匿名对领导对需求的满足程度进行打分；对于团队的给予内容，领导也要对其实现承诺的程度打分。

4.2 反馈改进 将调查问卷数据制成表格，但不要对其进行任何扩展。在调查问卷反馈会议上，将结果反馈给团队和领导者。在会议上进行讨论，确定以下内容：哪些方面得分较高，为什么？哪些方面得分较低？再进行讨论，如何采取行动以提高得分较低内容的分数。在团队成员讨论时，领导者可以离开会议室。将关于改进的想法在团队分享，并加以确认、记录。双方在会议结束时要做出承诺，遵守新的协议。

冲突调解

定义：双方以解决冲突、说明关系为目的而进行的积极的、具有建设性的对话。

目的：制定双方协议，确定为修复关系而应采取的行动。

应用情境：当团队成员之间或领导与团队成员之间的关系比较紧张时。

流程步骤

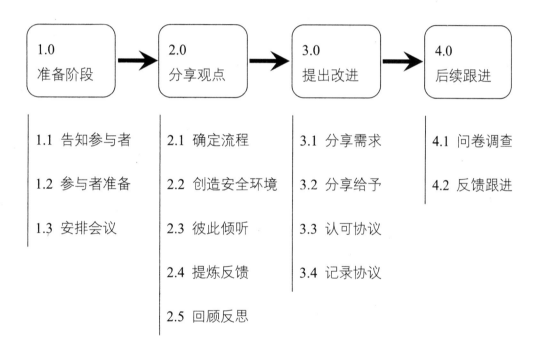

1.0 准备阶段	2.0 分享观点	3.0 提出改进	4.0 后续跟进
1.1 告知参与者	2.1 确定流程	3.1 分享需求	4.1 问卷调查
1.2 参与者准备	2.2 创造安全环境	3.2 分享给予	4.2 反馈跟进
1.3 安排会议	2.3 彼此倾听	3.3 认可协议	
	2.4 提炼反馈	3.4 记录协议	
	2.5 回顾反思		

冲突调解流程说明

1.0 准备阶段

1.1 告知参与者 与参与对话的双方联系，告知他们这项活动，与他们分享规则和流程，向参与者保证这将是一次积极的、具有建设性的对话。如果要求双方参与解决某个分歧，则需要清楚这是一次强制性的讨论。

1.2 参与者准备 安排会议，留出足够的时间，让双方可以对他们的关系或具体的冲突情况进行反思、记录。

1.3 安排会议 将会议安排在接近下班的时段，这样参与者在会后可以直接回家。找一个离工作地点稍远的私密场所，便于进行讨论。在会议室附近预留一间房间，作为会议休息室。

2.0 分享观点

2.1 确定流程 当双方到达地点时，态度要友好、坚定。按照以下流程进行：

- 一位成员就当前情况发表看法；
- 期间，其他人员不得发言，除非是要求澄清问题；
- 倾听者必须对其他人员的观点做记录；
- 当第一个人阐述完自己观点之后，第二个人则根据自己听到的内容做出总结；
- 如果第一个人对第二个人做的总结满意，则继续向下进行，重复此过程；
- 在这个过程中，不允许有人打断、插话或争论；
- 每个人都要保持中立；
- 如果有人破坏了任何规则，引导者有权并且中止过程；
- 当双方都认为对方已经理解并倾听了自己的观点后，则进行休息，休

> 息过程中双方都要回答以下两个问题：
>
> - "如果要解决的话，我需要你做……并且作为回报，我可以提供给你……"
> - 双方再次汇聚到一起，分享他们的需求与给予，并且承诺执行；
> - 对所有的谈话保密，不要与其他团队成员分享。

2.2 创造安全环境　在双方发言之前，组织他们进行讨论，制定规则，营造一个舒适的讨论环境，以保证他们能尊重对方观点、积极倾听，并保持开放心态。与双方确认的规则，将它们记录在活动挂图上，并贴到双方容易看到的地方。

2.3 彼此倾听　随机选择一位成员，请其表达自己的观点，其他成员则积极倾听对方观点并且做记录。严格遵守各项规则，确保大家都表现出中立，只在有疑问时提出问题。在出现反驳或争论情况时，立即中止这些行为。

2.4 提炼反馈　在第一位成员已经完全表达自己的观点之后，请第二位成员对第一个人的观点进行提炼总结。强调，在此过程中保持中立的重要性。在结束时，询问第一位成员，所做的总结是否正确。如果第一位成员感觉满意，则交换角色，重复此过程。

2.5 回顾反思　向双方都愿意倾听对方的观点表示祝贺。将双方送回家，并且对听到的内容进行反思。告诉他们，不要与他人通话，分享这些秘密信息。请他们回顾过程，思考：为了恢复有效的工作关系，他们需要对方提供什么？

3.0　提出改进

3.1 分享需求　双方进行第二次会议，开始轮流告诉对方，为了恢复有效的工作关系，他们需要对方提供什么。双方要对彼此的需求进行解释，如有不明白的内容，可以提问，但坚决不允许带有争论性的对话。

3.2 分享给予　交换需求列表，中止会议，双方到各自的房间对对方的需求进行思考。在休会的这段时间内，双方确认自己为恢复有效的工作关系而愿意采取的行动。给予的内容一定要具体，直接回应对方在争论里表达的需求。

3.3 认可协议 双方返回，将自己的给予读给对方听，每方都可提出询问性问题。如果有内容不被接受，则需要重述他们的需求，要求在给予的内容里进行修改。当双方都接受对方的给予之后，就为协议奠定了基础，会议到此可以结束了。

3.4 记录协议 引导师安排，将双方的给予内容打印并分发，作为他们合作的指导。

4.0 后续跟进

4.1 问卷调查 根据双方的给予设计调查问卷，参与者利用调查问卷对自己需求的满足程度进行打分。

4.2 反馈跟进 在会议开始前，双方收到对方的打分表，并就此进行后续跟进会议，准备进一步做出承诺，以满足对方的需求。

教练辅导

定义：为鼓励表现不佳的个人提高自己表现而设计的一系列步骤。

目的：提高个人表现水平。

应用情境：当个人表现没有达到工作的期望，而且也想要为其提供改进机会时。

流程步骤

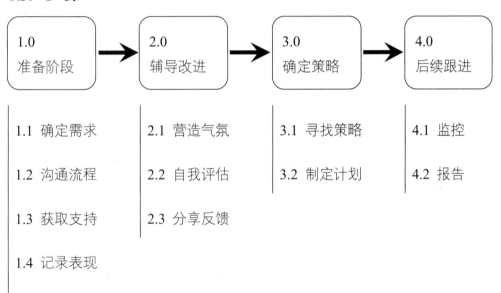

1.0 准备阶段	2.0 辅导改进	3.0 确定策略	4.0 后续跟进
1.1 确定需求	2.1 营造气氛	3.1 寻找策略	4.1 监控
1.2 沟通流程	2.2 自我评估	3.2 制定计划	4.2 报告
1.3 获取支持	2.3 分享反馈		
1.4 记录表现			
1.5 准备总结			

教练辅导流程说明

1.0 准备阶段

1.1 确定需求 可以是由个人直接表达需要教练辅导的要求，也可以是建议对某些问题进行改正。

1.2 沟通流程 与辅导对象见面，分享此流程的目的和主要步骤，以使其提前做好准备。确定见面时间，为会议安排一个适当的、私密的地点。

1.3 获取支持 如果辅导对象本人并没有寻求教练辅导，则请其说出对于辅导活动的任何抵触情绪，并确认愿意参加教练辅导的条件，鼓励其确认辅导活动可能带来的好处。

1.4 记录表现 详细记录辅导对象的表现，可以通过不同的方法，如活动日志、观察工作表现、检查其产品等。通过记录，可以对其表现做出具体反馈，建议辅导对象也对自己的表现做活动记录。

1.5 准备总结 关于辅导对象表现的要点，要在活动挂图或笔记纸上做出具体、详细的总结。在指导阶段，你可以参考你的笔记，并且要为辅导对象提供一份复印件，供其在会议结束后带走。

2.0 辅导改进

2.1 营造气氛 首先感谢辅导对象能来参加，解释这次教练辅导的目的是提供有益的表现反馈。向辅导对象说明，你的方法有保密性，目的在于提供帮助，是一种伙伴关系。告诉辅导对象，你的方法将包括给予具体反馈、帮助其寻求改进方法，同时要对其阐明期望的结果，即辅导对象在会议结束时会获得职业提升的具体计划。

2.2 自我评估 请辅导对象对其表现给出自己的意见，认真倾听，判断其自我认识程度和对改变的接受程度，对其主要观点进行阐释。

2.3 分享反馈　首先表达理解：接收反馈是很困难的。要求辅导对象不要打断你的讲话，也不要具有防备心理，只能在不清楚内容时提出问题。

以实事求是、客观的方式给予反馈。对于任何评论不要加上动机或个人的标签，直接告诉辅导对象，他做了什么，什么时候做的，所带来的影响是什么。回答辅导对象提出的所有具体问题。

如果辅导对象有可能否定或抗拒这些信息，则态度坚决地进行重述，并要求其重述自己听到的内容。重点不是辅导对象是否同意你做出的反馈，而是他们是否准确地接收了这些信息。

辅导对象可能需要一定的休息时间，来消化自己收到的信息，并确定改进策略。如果情况如此，则另选一天继续辅导，以便辅导对象有足够的时间来思考如何改进。

3.0 确定策略

3.1 寻找方案　请辅导对象一起确定解决方案，尽可能对其建议表现出支持态度，因为最有效的想法基本都是由辅导对象提出来的。如果这些建议并不足以应对现在的情况，则详细描述期望的表现标准。

3.2 制定计划　记录讨论过的所有行动计划，为所有改进活动制定清楚的时间表，为辅导对象确定并找到所需的培训，并提供持续的指导支持。

4.0 后续跟进

4.1 监控　描述具体的监控和汇报流程，包括附加的教练辅导会议，以及相关的书面文件；为持续的监控和指导活动制定具体的时间表，确保他们清楚知道你进行后续跟进的时间和方式。在团队成员提出改进自身表现的想法时，提出表扬，或用其他方式进行鼓励。

4.2 报告　为组织提供所需的各种书面总结，以便记录为提升绩效所做的努力。

参考文献

第 1 章 高级策略总览

Axelrod, R., Dannemiller, K., Loup, R., and Jacob, R. *Real Time Strategic Change: A Consultant's Guide to Large Scale Meetings.* (1994) Dannemiller Tyson Associates. Ann Arbor, MI.

Beckhard, R. *Organization Development: Strategies and Models.* (1969) Addison-Wesley. Reading, MA.

Bradford, L. P., ed. *Group Development.* (1978) University Associates. San Diego, CA.

Brockett. R. G., ed. *Ethical Issues in Adult Education.* (1998) Teachers College Press. New York, NY.

Burke, W. *Organization Development: Principles and Practices.* (1980) Little, Brown & Company. New York, NY.

Cooper, S., and Heenan, C. *Preparing, Designing and Leading Workshops: A Humanistic Approach.* (1980) CBI Publishing Company Inc. Boston, MA.

French, W., and Bell, C., Jr. *Organization Development: Behavioral Science Interventions for Organization Improvement.* 3rd ed. (1990) Prentice-Hall. Englewood Cliffs, NJ.

Heron, J. *Group Facilitation: Theories and Models for Practice.* (1993) Kogan Page. London, UK.

Laborde, G. *Influencing with Integrity.* (1984) Syntony Publishing. Palo Alto, CA.

Likert, R. *New Patterns of Management.* (1967) McGraw-Hill. New York, NY.

Mosvick, R., & Nelson, R. *We've Got to Start Meeting Like This!* (1987) Scott, Foresman and Company.

Rees, F. *The Facilitator Excellence Handbook.* (1998) Jossey-Bass/Pfeiffer. San Francisco, CA.

Stanfield, R. B., ed. *The Art of Focused Conversation.* (2000) ICA Canada. Toronto, Canada.

Strachen, D. *Questions that Work.* ST Press. (2001) Ottawa, Canada.

Weaver, R. G., and Farrell, J. D. *Managers as Facilitators.* (1997) Berrett-Koehler. San Francisco, CA.

第 2 章 决策制定的复杂性

Adams, J. L. *Conceptual Blockbusting.* (1974) W.H. Freeman. San Francisco, CA.

Avery, M., Auvine, B., Streibel, B., and Weiss, L. *Building United Judgement: A Handbook for Consensus Decision Making.* (1981) Center for Conflict Resolution. Madison, WI.

Axelrod, R. *The Evolution of Cooperation.* (1984) Basic Books. New York, NY.

Fisher, A .B. *Small Group Decision Making: Communication and Group Process.* (1974) McGraw-Hill. New York, NY.

Fisher, R., and Ury, W. *Getting to Yes.* (1991) Penguin Books. New York. NY.

Hart, L. B. *Faultless Facilitation.* (1992) H.R.D. Press, Amherst, MA.

Howell, J. L. *Tools for Facilitating Team Meetings.* (1995) Integrity Publishing. Seattle, WA.

Kaner, S. *Facilitator's Guide to Participatory Decision-Making.* (1996) New Society Publishers, Philadelphia, PA.

Kayser, T. A. *Mining Group Gold.* (1990) Serif Publishing. Sequido, CA.

Levine, S. *Getting Resolution: Turning Conflict into Collaboration.* (1999) Berrett-Koehler. San Francisco, CA.

Maier, R. K. *Problem-Solving Discussions and Conferences.* (1963) McGraw-Hill, New York, NY.

McPherson, J. H. *The People, the Problems, and the Problem-Solving Methods.* (1967) The Pendell Company. Midland, MI.

Saint, S., and Lawson, J. R. *Rules for Reaching Consensus.* (1994) Jossey-Bass/Pfeiffer. San Francisco, CA.

Taglere, D. A. *How to Meet, Think and Work to Consensus.* (1992) Pfeiffer & Company. San Diego, CA.

Van Gundy, A. B. *Techniques of Structured Problem Solving.* (1981) Van Nostrand Reinhold. New York, NY.

Vengel, A. *The Influence Edge: How to Pursuade Others to Help You Achieve Your Goals.* (1998) Berrett-Koehler. San Francisco, CA.

第 3 章 冲突管理策略

Argyris, C. *Intervention Theory and Method.* (1970) Addison-Wesley. Reading, MA.

Beckhard, R. "The Confrontation Meeting." (1967) *Harvard Business Review*: #45. Boston, MA.

Bens, I. *Facilitating With Ease!* (2005) Jossey-Bass. San Francisco.

Blake, R. R., Shepard, H., and Mouton, J. S. *Managing Intergroup Conflict in Industry.* (1965) Gulf Publishing. Houston, TX.

Cloke, K., and Goldsmith, J. *Resolving Conflicts at Work.* (2001) Jossey-Bass. San Francisco, CA.

de Bono, E. *I am Right, You are Wrong.* (1990) Viking Press. New York, NY.

Deutsch, M., and Coleman, P. T., eds. *Handbook of Conflict Resolution.* (2002) Jossey-Bass. San Francisco, CA.

Dimock, H. G. *Leadership and Group Development.* (1986) University Associates. San Diego, CA.

Eggleton, C. H., and Rice, J. C. *The Fieldbook of Team Interventions.* (1996) H.R.D. Press. Amherst, MA.

Eiseman, J. W. "Reconciling Incompatable Positions." (1978) *Journal of Applied Behavior Science.* 14, 133–150.

Forsyth, D. R. *Group Dynamics.* (1990) Brooks/Cole. Pacific Grove, CA.

Francis, D., and Young, D. *Improving Work Groups: A Practical Manual for Team Building.* (1992) Pfeiffer and Company. Toronto, Canada.

Hunsaker, P., and Alessandra, A. *The Art of Managing People.* (1980) Prentice-Hall. New York, NY.

Keating, C. J. *Dealing With Difficult People.* (1984) Paulist Press. New York, NY.

Kindler, H. S. *Managing Disagreement Constructively.* (1988) Crisp Publications. Los Altos, CA.

Likert, R., and Likert, J. G. *New Ways of Managing Conflict.* (1976) McGraw-Hill. New York, NY.

Mosvick, R., and Nelson, R. *We've Got to Start Meeting Like This!* (1987) Scott, Foresman. Glenview, IL.

Pfeiffer, J. W., and Jones, J. E. *A Handbook of Structured Experiences for Human Relations Training.* (1972) (vols I – X).

Reddy, B. *Intervention Skills: Process Consultation for Small Groups and Teams.* (1994) Jossey-Bass/Pfeiffer. San Francisco, CA.

Scholtes, P. R. *The Leader's Handbook.* (1998) McGraw-Hill. Toronto, Canada.

Schutz, W. C. *The Interpersonal Underworld.* (1966) Science and Behavior Books. Palo Alto, CA.

Tuckman, B. W. *Developmental Sequences in Small Groups.* (1965) Psychological Bulletin.

Wood, J. T., Phillips, G. M., and Pederson, D. J. *Group Discussion: A Practical Guide to Participation and Leadership.* 2nd ed. (1986) Harper and Row. New York, NY.

Zander, A. *Making Groups Effective.* (1983) Jossey-Bass. San Francisco, CA.

第 4 章 引导师的咨询策略

Argyris, C. *Intervention Theory and Methods: A Behavioral Science View.* (1970) Addison-Wesley. Reading, MA.

Blake, R. R., and Mouton, J. S. *Consultation.* 2nd ed. (1983) Addison-Wesley. Reading, MA.

Block, P. *Flawless Consulting.* 2nd ed. (2000) Jossey-Bass/Pfeiffer. San Francisco, CA.

Bradford, L. P. *Making Meetings Work.* (1976) University Associates. San Diego, CA.

Brown, S., and Fisher, R. *Getting Together.* (1992) Penguin Publishing. New York, NY.

Cooper, S., and Heenan, C. *Preparing, Designing and Leading Workshops: A Humanistic Approach.* (1980) CBI Publishing Company. Boston, MA.

Dotlich, D., and Cairo, P. *Action Coaching.* (1999) Jossey-Bass. San Francisco, CA.

Dyer, W. G. *Team Building: Issues and Alternatives.* 2nd ed. (1987) Addison-Wesley. Reading, MA.

Fairhurst, G., and Sarr, R. *The Art of Framing.* (1996) Jossey-Bass, San Francisco, CA.

Harrison, R. "Choosing the Depth of Organizational Intervention." (1970) *The Journal of Applied Behavioral Science,* 1 (2), 181–202.

Heron, J. *Group Facilitation: Theories and Models for Practice.* (1993) Kogan Page, London, UK.

Howell, J. L. *Tools for Facilitating Team Meetings.* (1995) Integrity Publishing. Seattle, WA.

Lippitt, G., and Lippitt, R. *The Consulting Process in Action.* 2nd ed. (1986) Jossey-Bass. San Francisco, CA.

Payne, S. L. *The Art of Asking Questions.* (1951) Princeton University Press. Princeton, NJ.

Schein, E. H. *Process Consultation: Its Role in Organization Development.* (1969) Addison-Wesley. Reading, MA.

Schwarz, R. M. *The Skilled Facilitator.* (2002) Jossey-Bass. San Francisco, CA.

Strachen, D. *Questions that Work: A Resource for Facilitators.* (2001) ST Press. Ottawa, Canada.

第 5 章 引导师的基本流程

Albert, R., Dannemiller, K., Loup, R., and Jacobs, R. *Real Time Strategic Change: A Consultant's Guide to Large Scale Meetings.* (1994) Dannemiller Tyson Associates. Ann Arbor, MI.

Argyris, C., Putnam, R., and Smith, D. M. *Action Science.* (1985) Jossey-Bass. San Francisco, CA.

Beckhard, R., and Harris, R. *Organizational Transitions: Managing Complex Change.* 2nd ed. (1987) Addison-Wesley. Boston, MA.

Bunker, B., and Alban, B., "The Large Group Interaction—A New Social Innovation?" (1992) *Journal of Applied Behavioral Sciences.* 28(4), 473–479.

Dotlich, D., and Cairo, P. *Action Coaching.* (1999) Jossey-Bass. San Francisco, CA.

Eggleton, H. C., and Rice, J. C. *The Fieldbook of Team Interventions.* (1996) HRD Press. Amherst, MA.

Owen, H. *Open Space Technology: A User's Guide.* (1992) Abbott. Potomac, MD.

Senge, P. *The Fifth Discipline: The Art and Practice of the Learning Organization.* (1990) Doubleday. New York, NY.

Tague, N.R. *The Quality Toolbox.* (1995) ASQC Quality Press. Milwaukee, WI.

Weisbord, M. *Productive Workplaces: Organizing and Managing for Dignity, Meaning and Community.* (1980) Jossey-Bass. San Francisco, CA.

百年基业简介

　　百年基业以"打造中国行动学习与引导技术第一品牌"为愿景，"成就中国企业的世界高度"为使命，十年以来致力于行动学习和引导技术的研究、实践和推广，从而提升中国企业的国际化与全球竞争力。近年来，百年基业与多家国际知名专业机构建立战略合作关系，如国际引导学院（INIFAC）、新加坡引导师协会（FNS）、美国韬略公司（LSI）、国际行动学习催化中心（CALF）等，力求为客户打造最优资源的全球学习平台，并提供最新的学习资讯。与此同时，百年基业拥有数十位具有 10 年以上大型央企、国企、外企、民企的管理工作背景，有 5 位顾问获得国际引导学院（INIFAC）资深引导师认证，1 位顾问获得国际行动学习协会（WIAL）行动学习高级教练认证，9 位顾问获得国际行动学习协会（WIAL）行动学习教练认证。同时，我们的顾问团队拥有超过 300 个行动学习和引导的项目实施经验。除此之外，百年基业精选了近年来国内外行动学习和引导领域的知名著作，组织了强大的编译校资源并联合多家出版社翻译出版了 11 本行动学习与引导技术系列书籍。迄今为止，百年基业为超过 200 家央企、外资企业、大型民营企业及上市公司提供过服务，这其中有超过 30 家世界 500 强企业等灯塔客户，涉及金融、互联网、移动通信、医药、能源电力、烟草、地产等众多行业。

地址：北京朝阳区东三环南路 58 号富顿中心
　　　　A 座 2009 室
网址：http://www.gene100.com
电话：010-58672662

百年基业引导技术核心课程介绍
《将引导转化为商业结果：6D引导技术》

你是否在为组织的管理效能而头疼，但是不知道如何破解？

你是否关注引导技术，但是不知道能否真正解决企业的问题？

你是否学过众多引导工具，但是不知道如何帮助组织获得成功？

现在你的机会来了，参加6D引导技术，将帮助你扫清以上困惑与烦恼。

本课程是百年基业精心打造的一门引导技术核心课程，应用课程所学，将轻松帮助你直接将引导技术转化为商业结果。

值得您学习的五大理由

● **融汇东西，内容系统**

百年基业经过多年以来在引导技术方面的不断实践，结合西方国家引导技术的精髓和中国企业文化的独有特点，自主开发了百年基业引导技术核心课程：《将引导转化为商业结果：6D引导技术》。参加该课程你将系统性的学习到如下几个方面：

引导的一个核心概念　　　　　　引导的**两**项基本原则

引导的三种核心技能　　　　　　引导的六个核心要素

引导的六种关键角色　　　　　　引导的六个核心步骤　　　　引导的五类实战应用

● **方法实战，模板丰富**

通过**6**个步骤，你将学习到从策划、设计、实施引导和推动执行的核心技术，同时你也将收获到这六个步骤中超过**20**个实战模版。

D1:如何定义商业收益？　　　　D2:如何设计引导脚本？

D3:如何引导动态过程？　　　　D4:如何推动执行转化？

D5:如何实施支持干预？　　　　D6:如何总结复盘固化？

● **小班教学，学练结合**

本项目坚持采用小班教学的模式，每班人数严格控制在**32**人以内，其中**70%**的时间都用于实战练习。

● **权威资质，资源共享**

百年基业公司为学员的学习提供相关的专业文章和学习建议，提供及时的答疑解惑；参加课程同时还能够成为"行动学习引导派"社群中一员，在这里你将获得超过**100**个实战案例经验，结识超过**1000**位引导技术爱好者。

● **衔接认证，持续成长**

参加本课程学习，将有助于您更好地准备申请全球权威引导认证：CCF（认证资深引导师）和CMF（认证专家级引导师），帮助您成为引导专家。

课程对象

企业管理者、引导师、培训师、教练、咨询顾问及对引导技术感兴趣的伙伴。

更多信息请致电百年基业或访问公众微信号"百年基业"。

👤 **联系人：宋女士**

☎ 010-58672662　　　18964591342　　　✉ songchenyang@gene100.com

🏠 www.gene100.com　　　🏢 北京朝阳区东三环南路58号富顿中心A座2009室

打开"微信"扫一扫

反侵权盗版声明

电子工业出版社依法对本作品享有专有出版权。任何未经权利人书面许可，复制、销售或通过信息网络传播本作品的行为；歪曲、篡改、剽窃本作品的行为，均违反《中华人民共和国著作权法》，其行为人应承担相应的民事责任和行政责任，构成犯罪的，将被依法追究刑事责任。

为了维护市场秩序，保护权利人的合法权益，我社将依法查处和打击侵权盗版的单位和个人。欢迎社会各界人士积极举报侵权盗版行为，本社将奖励举报有功人员，并保证举报人的信息不被泄露。

举报电话：（010）88254396；（010）88258888

传　　真：（010）88254397

E-mail：　dbqq@phei.com.cn

通信地址：北京市万寿路 173 信箱
　　　　　电子工业出版社总编办公室

邮　　编：100036